Inhaltsverzeichnis

EINFÜHRUNG IN DAS HEFT

Gott, werde Mensch, komm zu uns auf die Erde, daß wir Menschen sind und menschlich werden, komm und mach die Erde neu!

Anhand der Menschwerdung Gottes in Jesus auf das eigene Menschsein schauen, die Aufgabe als Mutter, als Vater, als Hirte, als Hüter und Anwalt des Lebens sehen, ist Anliegen der vorgestellten Gottesdienstreihe. Gott entäußert sich, wie wir bei Paulus lesen, seiner Gottheit, nimmt unsere Menschengestalt an, wird uns in allem gleich, ausgenommen die Sünde. Er ist vom Himmel herabgestiegen um unseres Heiles willen. An Jesus und zwar bereits in seinem Ankommen im Schoß einer Familie wollen wir entdecken, was Menschsein heißt.

Die Art und Weise, die unsere Gottesdienstfeiern prägt, ist Erzählen, Gestalten, Bebildern und, soweit als möglich, leibhaftes Mitvollziehen. Es werden keine Rollen verteilt. Wir sind gleichsam alles und jedes, Maria, Josef, der Engel, das Kind, die Hirten. Es wird nichts eingeübt, sondern die Gemeinde wird durch entsprechende Impulse direkt ins Geschehen mit einbezogen. Es kann erforderlich sein, daß einzelne Aufgaben, z.B. das Tragen der Gestalt der Maria, des Josef, kurz vor Beginn des Gottesdienstes an Kinder vergeben werden, ihnen gezeigt wird, welchen Weg sie zu gehen haben. Der Schauplatz jeder Geschichte, das Haus der Maria, der Elisabeth, der Weg ins Gebirge, die Felder und Fluren vor Bethlehem werden teils während der Erzählung der Geschichte gestaltet, teils bereits vor dem Gottesdienst bereitet. Transparentbilder greifen das Thema nochmals zum Ende der Feier auf, lassen es verdichtet aufscheinen. Der Rahmen für die einzelnen Bilder ist eine Stadtkulisse mit fünf Toren. (Siehe Heft S. 64!)

Die Kinder erhalten beim ersten Adventgottesdienst diese adventliche Stadt auf festem Karton (zweimalige Vergrößerung der Vorlage um jeweils 50 %) mit der Anweisung, daraus eine Adventlaterne zu gestalten. Sie erhalten ferner bei jedem Gottesdienst das entsprechende Themenbild zum Ausmalen und Hinterkleben ihrer Laterne. Dazu kommt noch eine Anleitung zu einer kurzen adventlichen Hausandacht.

Die Gottesdienste können natürlich auch aus der Gesamtreihe heraus und für sich alleine genommen werden. Da heuer der letzte Adventsonntag auf den 24. Dezember fällt, werden vielerorts wohl nur drei Adventgottesdienste für Kinder gehalten werden. Es ist dann mit Blick auf die Kindermette ratsam, das erste Gottesdienstthema „Leben verheißen“ fallen zu lassen. Die Laterne ist dann um ein Tor zu verkürzen.

Wir wünschen eine gute adventliche Zeit.
Die Herausgeber

EINE FEIER ZUM FEST DES HL. NIKOLAUS

Einführung

In Nikolaus begegnen wir einem der großen Helferheiligen.
Franz von Assisi können wir dazu zählen, wenngleich er noch ganz andere Perspektiven aufweist, vor allem aber St. Martin, St. Elisabeth und dann St. Nikolaus. Wir feiern diese Heiligen allesamt im Herbst, in einer Zeit also, in der Gärten und Felder leer sind, die ersten Fröste einsetzen, die Tage sich verkürzen, Nebel ziehen. Uns ist mehr und mehr nach drinnen, nach der Wärme des Hauses zumute als nach draußen. Wer kein Zuhause hat, auf Parkbänken, unter Brücken und in U-Bahnstationen nächtigt, hat es nun schwer. Damit wir, die wir ein festes Dach über dem Kopf haben und deren Vorratskammern gefüllt sind, die „draußen vor der Tür" nicht vergessen, werden uns Heiligengestalten aufgezeigt, die das Wort Jesu ernstnehmen: Ich war hungrig und ihr habt mir zu essen gegeben; ich war durstig und ihr habt mir zu trinken gegeben; ich war nackt und ihr habt mir Kleidung gegeben; ich war fremd und obdachlos und ihr habt mich aufgenommen; ich war krank und ihr habt mich besucht; ich war im Gefängnis und ihr seid zu mir gekommen.
St. Nikolaus ist von den genannten Heiligen der älteste und den Kindern wohl vertrauteste. Historisch gesicherte Daten gibt es von ihm kaum, außer daß er im vierten Jahrhundert gelebt und als Bischof der Hafenstadt Myra in Kleinasien gewirkt hat. Ein Kranz von Legenden hat sich um seine Gestalt gelegt, die alle von einer großen, wundersamen Menschenfreundlichkeit erzählen und durch die uns etwas von der Menschenfreundlichkeit und Allmacht unseres Gottes aufscheint. Da sein Fest in die adventliche Zeit fällt, bekommt es etwas von der Trautheit und dem Glanz des Weihnachtsfestes ab. Nikolaus wird so etwas wie ein Vorbote der menschgewordenen Liebe Gottes, des Christkindes.

Für Kinder bedarf es statt dieser Aussagen einer Kurzformel.
Vielleicht trifft es der Liedvers:

Text und Melodie: F. Kett

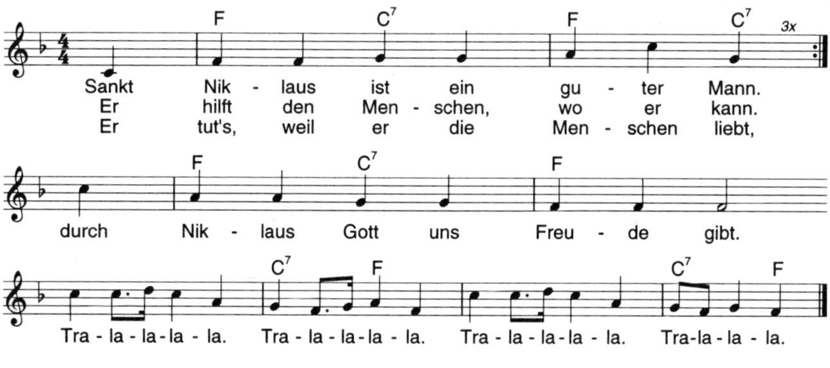

Die Nikolauslegenden wurden allesamt einmal gebildet. Sie dürfen fortgestaltet oder auch neu entwickelt werden. Wir tun dies, indem wir in unserer Feier besonders von der Kindheit des Nikolaus erzählen und von der Weise, wie er Bischof wurde. Wir stellen die Nikolausfeier in den Advent, verbinden sie mit der Gestaltung eines Adventkranzes. So werden statt einer Feier aber auch gut zwei denkbar. Die Kranzbetrachtung würde dann der Nikolauserzählung vorangehen. Die vorliegende Konzeption ist als Kindergottesdienst denkbar, als Feier in einem Familienkreis, in einer Kindergruppe, aber vereinfacht auch als Vorbereitung auf den häuslichen Nikolausbesuch.

Material

Große runde Tischdecke oder Seil; Tannenzweige; Teelichter; verschiedenfarbige Rhythmiktücher oder farbige Papierservietten; Schriftrolle; eventuell Stabpuppe vom Jungen Nikolaus; Mitra und Bischofsstab; Material zum Schmücken der Häuser, wie Zweige, Sterne; gute Dinge, die der Nikolaus mitbringt, wie Lebkuchen, Äpfel, Nüsse.

Sich im Zeichen des Kranzes versammeln

Der Raum ist etwas abgedunkelt; leise adventliche Musik; eine große runde Tischdecke, bzw. ein Seil, zum Kreis gerundet, liegt in der Raummitte.

- ○ Die Teilnehmer empfangen beim Eintritt gleichsam als „Eintrittszeichen" einen Tannenzweig. Sie legen ihn als ihren „Anteil" oder „Beitrag" an der Tischdecke, bzw. am Seil ab, sodaß ein Kranz entsteht.
- ○ Die Feier wird eröffnet mit dem Lied:

Text u. Melodie: F. Kett

2. Große, kleine Leute haben sich versammelt,
große, kleine Leute geben sich die Hand.
Rechts gibt einer, links gibt einer und daneben wieder einer
usw., usw., alle geben sich die Hand.

– Wir begrüßen uns mit guten Abend, guten Morgen, je nachdem.

3. Große, kleine Leute haben sich versammelt,
große, kleine Leute sind jetzt da.
Rechts sitzt einer, links sitzt einer und daneben wieder einer.
In der Mitte liegt der Kranz. In der Mitte liegt der Kranz.

○ Der Leiter begrüßt die Gruppe. Er deutet den Kranz und die Art, wie er entstanden ist.

Jeder von uns hat einen Zweig beigetragen, ihn hingegeben. Indem viele etwas beitragen, hingeben, entsteht etwas Ganzes, Rundes. Der Kranz ist Bild unseres Zusammenwirkens, unseres Zusammenseins, unserer Versammlung.
Ich lade euch ein, euch nochmals die Hände zu geben, euch zu verbinden gleich den Zweigen des Kranzes, ein Kranz aus lebendigen Zweigen zu sein. So wünschen wir uns:
Gott sei mit uns, seine Liebe, sein Frieden, seine Freude.

Die grünen Zweige erinnern uns an die Zeit, in der alles grünt und blüht. Sie sind uns Zeichen neuen Lebens gerade jetzt, wo sich draußen in der Natur die Grünkraft des Lebens nicht zeigt. Die grünen Zweige, zum Kranz gebunden, wollen uns sagen: Es erfüllt sich die Zeit und ein Kind wird geboren. Ein neuer Zweig blüht auf am Baum des Lebens, ein Kind, das uns Leben schenken, uns lebendig machen will, Jesus.

Wir entzünden Lichter, bringen sie zum Kranz und hören ihre Botschaft:

2. An unserm Kranze brennt das zweite Licht.
Es sagt uns allen, fürchtet euch nicht!
Das Kind bringt Frieden in unsere Welt,
Frieden und Liebe, die alles erhält.

3. An unserm Kranze brennt das dritte Licht.
Es sagt uns allen, fürchtet euch nicht!
Gott will unter den Menschen sein.
Laßt ihn in euer Herz hinein.

4. An unserm Kranze brennt das vierte Licht.
Es sagt uns allen, fürchtet euch nicht!
Öffnet die Tore, macht die Herzen weit!
Für das kleine Kind macht euer Herz bereit!

Text u. Melodie: F. Kett

○ Gebet

Gott, unser Vater!
Wir haben uns um und über einen Kranz aus grünen Zweigen versammelt. Der Kranz ist uns Zeichen, daß sich deine Verheißung erfüllt, daß du kommen wirst in einem Kind und in uns alles lebendig machst, was verdorrt und abgestorben ist, die Liebe, die Freude, der Friede.
So rufen wir zu dir: Komm Gott, komm auf die Erde, damit wir Menschen sind und menschlich werden. Komm und mach die Erde neu! Amen.

Aus der Lebensgeschichte des Heiligen Nikolaus hören

Wir haben uns versammelt, um das Fest des heiligen Nikolaus zu feiern, etwas aus seinem Leben zu schauen und zu hören. Unsere Geschichte führt uns in eine alte Stadt, namens Myra. Wer es genau wissen will: Myra ist eine Hafenstadt an der Küste der heutigen Türkei.

○ Die Teilnehmer werden aufgefordert, sich an der Hand zu fassen und mit hocherhobenen Händen die Häuser der Stadt Myra zu zeigen.
Bei einer kleineren Teilnehmerzahl können wir die Häuser der Stadt oder ihre Tore auch mit bunten Rhythmiktüchern, bzw. farbigen Papierservietten vor den Stühlen gestalten.

1. Erzählung: Nikolaus, ein Junge, der gerne Geschichten hört

In der Stadt Myra gibt es ein besonders schönes, großes Haus.

– *Der Erzähler bestimmt eines der gelegten Häuser zu diesem Haus oder gestaltet es neu mit einem hellen Tuch.*

Es wird von reichen Leuten bewohnt. Kaufleute sind es. Es fehlt ihnen an nichts. Sie haben ein Kind, einen Sohn. Er wurde auf den Namen Nikolaus getauft.

– *Es kann der Junge Nikolaus als Stabpuppe in das Haus gestellt werden.*

Nikolaus wächst heran im reichen Haus seiner Eltern, in der Stadt Myra. Mit den Jungen aus der Nachbarschaft geht er zum Meer, an den Strand, sucht Muscheln, baut Sandburgen. Er baut mit seinen Freunden in den Wäldern hinter der Stadt Baumhäuser. Sie spielen Fangen, Verstecken. Am Abend vor dem Schlafengehen wünscht er wie viele Kinder, daß ihm die Mutter Geschichten erzählt. Die Mutter besitzt ein kostbares Kästchen. Darin befinden sich viele Rollen aus Pergament.

– *Der Erzähler zeigt eine Pergamentrolle, nennt ihren Namen: „Schriftrolle" und erklärt, daß es zur Zeit des Nikolaus keine Bücher, sondern eben solche Rollen gab.*

Die Mutter des Nikolaus besitzt viele solcher Rollen. Immer wieder liest sie Nikolaus daraus vor, Geschichten besonderer Art, Geschichten von Jesus, von seinem Leben und Sterben. Nikolaus hört gerne Jesusgeschichten. In seinem Herzen ist eine große Liebe zu Jesus gewachsen. Eines Tages liest die Mutter eine Jesusgeschichte vor, die dem Nikolaus nicht mehr aus dem Kopf geht.

Text aus Mt 19–22 (kann auch frei erzählt werden)

„Es kam ein Mann zu Jesus und fragt: Meister, was muß ich Gutes tun, um das ewige Leben zu gewinnen? Er antwortete: Was fragst du mich nach dem Guten? Nur einer ist „der Gute". Wenn du aber das Leben erlangen willst, halte die Gebote! Darauf fragte er ihn: Welche? Jesus antwortete: *Du sollst nicht töten, du sollst nicht die Ehe brechen, du sollst nicht stehlen, du sollst nicht falsch aussagen; ehre Vater und Mutter! Und: Du sollst deinen Nächsten lieben wie dich selbst!* Der junge Mann erwiderte ihm: Alle diese Gebote habe ich befolgt. Was fehlt mir jetzt noch? Jesus antwortete ihm: Wenn du vollkommen sein willst, geh, verkauf deinen Besitz und gib das Geld den Armen; so wirst du einen bleibenden Schatz im Himmel haben; dann komm und folge mir nach. Als der junge Mann das hörte, ging er traurig weg, denn er hatte ein großes Vermögen."

Die ganze Nacht hat Nikolaus von dieser Geschichte geträumt. Als er am Morgen aufsteht, fragt er Mutter und Vater: „Warum tun wir nicht, was Jesus verlangt, alles verkaufen und das Geld den Armen geben?" „Wir können es nicht", sagen die Eltern. Nikolaus verspürt in seinem Herzen eine große Traurigkeit.

2. Erzählung: Nikolaus fährt ins Heilige Land

Nikolaus vergißt die Geschichte von dem reichen, jungen Mann, der zu Jesus kommt, nicht. Er ist selbst ein reicher, junger Mann und Jesus bedeutet ihm viel. Als er 18 Jahre alt ist, reist er in das Land, wo Jesus gelebt hat, nach Palästina, in das Heilige Land. Es interessiert ihn, wo Jesus geboren wurde, wo er gelebt hat, gestorben ist. Er besucht Bethlehem und Nazareth, die Stadt Jerusalem. Er geht in die Wüste. Er will dort wie Jesus 40 Tage lang fasten, beten, über sein Leben nachdenken. Am liebsten möchte Nikolaus im Heiligen Land bleiben, am Rand der Wüste in einer Höhle als Einsiedler leben. Doch da hat er einen Traum. Er hört im Traum eine Stimme, die sagt: „Kehre wieder heim nach Myra. Du wirst dort gebraucht. Kehre sofort zurück." Nikolaus glaubt, daß in dieser Stimme Gott zu ihm spricht. Er will Gott gehorchen. Aber womit soll er die Heimfahrt bezahlen? Er hat kein Geld mehr. Er hat alles den Armen geschenkt. Einem Kapitän ist ein Ruderknecht krank geworden. Wenn Nikolaus die Stelle des Ruderknechts übernimmt, kann er kostenlos mitfahren. Nikolaus spürt, er muß heim. Der Traum sagt es ihm. Er willigt ein. Schwer ist die Arbeit des Ruderns bei heißer Sonne, Wind und Regen. Nikolaus ist solch Arbeit nicht gewöhnt.

Um durchzuhalten, singt er mit den Ruderknechten das Lied:
(Das Lied kann im Kanon gesungen und mit Bewegung begleitet werden.)

Text: F. Kett, Melodie nach „Heho, spann den Wagen an“

3. Erzählung:
Nikolaus kommt vom Heiligen Land zurück und wird zum Bischof erwählt

Zu Hause, in der Stadt Myra ist große Trauer. Der Bischof der Stadt war gestorben. Wir haben unseren Hirten verloren, sagen die Leute. Wer führt uns zu Gott? Wer sorgt für die Armen, die Alten?
Viele Menschen sind in der Bischofskirche von Myra versammelt.
Mit Lichtern sind sie gekommen. Es ist Nacht.

– *Die Teilnehmer erhalten Teelichter. Sie tragen sie in die „Kirche“, stellen sie im Rund des Adventkranzes ab.*

Die Menschen rufen und beten:
Gott, schick uns einen Bischof, der gut ist zu den Armen,
der die Kinder liebt, der die Kranken und Alten besucht,
der barmherzig ist zu den Sündern,
der uns den Weg zu dir, dem Vater im Himmel zeigt, usw.

Eine alte Frau spricht plötzlich zu den Menschen in der Kirche: „Hört, hört, ich habe einen Traum. Gott schickt uns einen Bischof. Der erste, der heute morgen unsere Kirche betritt, ist der von Gott gesandte. Er soll unser Bischof werden.“

Das Schiff, auf dem Nikolaus rudert, nähert sich Myra (eventuell nochmals Ruderlied). Es legt im Hafen an und alle sind froh, die Reise übers Meer gut überstanden zu haben. Nikolaus eilt zur Kirche. Er will Gott für die Überfahrt danken. Als er die Kirche betritt, schauen die Menschen auf ihn und rufen: „Dich schickt Gott. Du sollst unser neuer Bischof sein.“ Nikolaus weiß nun, warum er heimgerufen wurde. Er erkennt darin Gottes Wille. Er ist bereit, der Bischof der Stadt zu werden. Er empfängt die Zeichen des Bischofs.

– *Kinder bringen Stab und Bischofsmütze, eventuell Ring.*

Nikolaus wurde ein Bischof der Armen. Er ging nachts oft durch die Stadt, um die Kranken, die Alten und auch die Kinder zu besuchen. Er tröstete und teilte Brot aus. Seine Güte und Menschenfreundlichkeit wurde bis heute nicht vergessen. So feiern wir heute wiederum sein Fest und erwarten ihn in unserer Mitte!

Nikolausbesuch

Wenn der Bischof Nikolaus das Haus betritt, empfangen ihn die Hausbewohner/Kinder gewöhnlich mit einem Lied. Er antwortet und begrüßt in Reimform. Wir möchten auf eine Begrüßungsrede im Heft 80/4, S. 54 verweisen und bringen zugleich eine neue. Als Lied zum Empfang des Heiligen finden wir besonders ansprechend:

Text: R. Krenzer, Musik: D. Jöcker

Aus:
MC und Liederheft
Weihnachten ist nicht
mehr weit.

2. Der Nikolaus ist hier. Hat jemand Angst vor mir?
   Wir rufen ganz laut: „Nein!“ Dann komm’ ich gern herein!
3. Du bist ein lieber Mann! Das sieht dir jeder an!
   Siehst wie ein Bischof aus! Wie Bischof Nikolaus!
4. Der Bischof Nikolaus ging einst von Haus zu Haus.
   Da war’n die Kinder froh. Und das ist heut noch so!
5. Der Bischof Nikolaus teilt’ einst die Gaben aus.
   Du machst es ebenso. Drum sind wir Kinder froh.
6. Mußt du dann weitergehn und sagst auf Wiedersehn,
   gehn wir mit bis zur Tür, und alle winken dir.

Begrüßung durch den Nikolaus

Ich grüße euch, ihr netten Leute,
denn auf dem Wege bin ich heute
auch bei euch vorbeigekommen.
Habt Dank, ihr habt mich aufgenommen.

Den ganzen Tag bin ich gelaufen,
möchte ein wenig bei euch verschnaufen.
Drum erfüllt mir eine Bitte:
Laßt mich sitzen in eurer Mitte,
denn weil ihr so freundlich seid,
nehm' ich mir gerne etwas Zeit.

Ich möchte euch Kindern vieles berichten,
erzähle euch heute manche Geschichten
von Menschen, die vor vielen Jahren
in einem fernen Lande waren.
Damals erzählten sich die Leute
und haben es weitergetragen bis heute,
daß es einmal in einer Stadt
einen guten Mann gegeben hat.

Sein Name war Bischof Nikolaus.
In seinem Gewand betret' ich euer Haus,
um euch zu sagen, daß es auch in diesen Tagen
solch Menschen braucht, die es wagen,
auf der Seite der Armen zu leben,
den Kranken und Traurigen Hoffnung zu geben,
für die dazusein, die trotz Regen und Wind
nirgendwo zuhause sind,
die trotz Kälte und schmerzendem Rücken
schlafen müssen unter Bäumen und Brücken,
denen Essen und Trinken zu geben,
die hungrig und durstig den Tag erleben.

Nikolaus aus Myra – so hieß seine Stadt,
war ein Mensch, der all dies tat.

So hat er einem Mann, das erzählte man gar,
der arm durch ein Unglück geworden war,
heimlich – es war in stockfinsterer Nacht –
drei Beutel, gefüllt mit Gold, gebracht.
Glücklich konnte der Mann wieder leben
und seinen Töchtern Essen und Kleidung geben.
Als Bischof von Myra half er allen in Not,
in Kummer und Krankheit nahe dem Tod.

Nach Unwettern und langer Trockenheit
kam für Myra eine schlechte Zeit.
Die Menschen litten Hunger und hofften sehr,
daß beladene Schiffe vom offenen Meer
die große Not der Menschen sehen
und im Hafen von Myra vor Anker gehen.
Eines Tages lagen drei Schiffe im Hafenbecken,
voll beladen mit Getreidesäcken.
Die Kapitäne wollten wieder aufs Meer hinaus,
da rief man nach Bischof Nikolaus.

Der Bischof bat: „Habt doch Erbarmen
mit den Hungrigen und Armen.
Ich bitte euch, vertraut auch mir,
laßt etwas von der Ladung hier.
Ich verspreche euch, seid ihr wieder zurück.
fehlt eurer Ladung kein einziges Stück."
Die Kapitäne luden einhundert Säcke aus
in Vertrauen auf Bischof Nikolaus.
Die Menschen dankten Gott für die Barmherzigkeit,
das Getreide langte noch für lange Zeit.

So komme ich in der Gestalt des Nikolaus
jedes Jahr in euer Haus.
Ich möchte euch was Kleines schenken,
ihr sollt ein wenig daran denken,
daß Äpfel, Nüsse, Mandelkerne,
Tannenzweige und Kerzenwärme
Zeichen für Gottes Liebe sind,
für Frauen, Männer, jedes Kind.

Hier können die Häuser oder Tore der Kinder vom Nikolaus oder seinen Helfern mit Äpfel, Lebkuchen, Nüssen, einem Tannenzweig und einem Licht gefüllt werden.

Oft sind es ja die unscheinbaren Sachen,
die den Menschen Freude machen.
In der kalten Winterzeit
behält die Tanne ihr grünes Kleid,
will uns damit Hoffnung geben
auf ein neues gutes Leben.
Ein kleines Licht, wie ihr wißt,
verdrängt die dunkle Finsternis,
den Traurigen es Hoffnung schenkt,
die Verirrten auf den Weg wieder lenkt.

Gott selbst wurde Mensch, das wißt ihr ja,
als Maria ein kleines Kind gebar.
So klein und unscheinbar, auf kaltem Stroh
machte das Kind die Menschen froh,
schenkte ihnen Wärme und Licht,
Geborgenheit und Zuversicht.
So sollen auch wir in unserem Leben
einander Freude und Liebe geben.

So wünsch ich euch eine gute Zeit,
begegnet einander mit viel Freundlichkeit.
Ich werde nun wieder weitergehen,
bis nächstes Jahr, auf Wiedersehen.

Christoph Rüttger

ADVENTLATERNE

Male das Bild des Liedblattes mit kräftigen Farben aus, schneide es an den gestrichelten Linien aus, und hinterklebe damit die erste Tür deiner Laterne. Zuvor mußt du allerdings diese Türe an den gestrichelten Linien aufschneiden.

ADVENTBESINNUNG

Schalte Radio/Fernseher aus. Beleuchte deine Laterne. Betrachte das Bild. Erinnere dich an den Gottesdienst, an die Geschichte, wie der König von Babylon das Land Israel verwüstet hat, die Menschen in die Gefangenschaft geschleppt hat.

Denke nach:

Wo ist heute Krieg? Wo wird heute Land zerstört?
Wo werden heute Menschen mißhandelt, verletzt, getötet?
Wer hält heute Menschen gefangen?
Hast du selbst einem Menschen böse Worte gegeben,
ihn klein gemacht, verletzt?
Wo war es heute in deinem Leben dunkel?

Weißt du noch:

Was der Prophet Isaias den Menschen in ihrer Dunkelheit gesagt hat?
Die öde Steppe wird grünen, die Wüste wird blühn.
Ein Licht wird aufstrahlen in der Dunkelheit.
Eine Frau wird empfangen und einen Sohn gebären.
Sein Name wird sein: Emanuel, d. h. Gott ist mit uns.

Bete:

Text und Melodie: F. Kett

– Jesus, komme! Dein Frieden soll kommen auf die ganze Erde, in mein Herz!
– Jesus, komme! Deine Freude soll kommen in mein Herz! Laß mich andere froh machen!
– Jesus, komme! Komme zu allen Kindern diese Erde, daß sie Mut haben, einander helfen, miteinander teilen!
– Jesus, komme! Laß Weihnachten ein Fest der Liebe sein.

Ein Gebet, in dem wir um das Kommen des Reiches Gottes beten, ist das Vaterunser. Kannst du es? Bete es laut und denke bei jedem Satz nach, worum du bittest.

GOTTESDIENST

Einführung in die Thematik

Wir erfahren die Wirklichkeit, in der wir leben, oft als hart und erbarmungslos. Was uns täglich über die Medien ins Haus und ins Herz fällt, übersteigt unser Fassungsvermögen. Auch wenn wir zumeist Zuschauer eines Szenariums von Gewalt und Unmenschlichkeit sind, wir fühlen uns davon bedroht. Wir spüren, Haß, Vernichtung, Tod sind uns selbst zu eigen, in uns und durch uns möglich. Wir tragen Mitschuld an dieser heillosen Welt. Wir, unser eigenes Versagen werfen Schatten, die manchmal so dunkel sind, daß wir am Leben, an einem Lebenssinn zweifeln. Wir sitzen dem Volk Israel gleich an den Flüssen Babylons, „in Todesschatten" und weinen.
In solcher Situation bedarf es der Propheten. Es sind Menschen, in deren Herzen der Traum von einer besseren Zukunft, von einem neuen Himmel und einer neuen Erde gesenkt wurde und deren Herzen brennen und Zungen glühen, davon zu reden, wie alles vollendet werden wird. Der aber, der alles ganz und heil macht, ist Gott selbst, der Herr des Himmels und der Erde. Er hat durch die Propheten zu uns gesprochen, sagt uns die Bibel, zuletzt durch Jesus Christus, seinen eingeborenen Sohn. Dieser Jesus ist für uns Christen das fleischgewordene Wort Gottes, die gestaltgewordene Verheißung eines Lebens in Fülle, der neue Adam, der neue Mensch.

In unserem ersten adventlichen Gottesdienst wollen wir Bilder der Verheißung schauen, wie sie der Prophet Isaias seinem Volk in der babylonischen Gefangenschaft und darüberhinaus allen, die in „Todesschatten" sitzen, gegeben hat. Wir wollen nach dem rufen, der alles neu machen wird:
Komm, Herr Jesus, komm!

Material

Vier bis sechs schwarze Rhythmiktücher; Korb mit Steinen; frische Tannenzweige; ein großer Stern, eventuell an einer Stange; Marienfigur, eventuell als Stabpuppe.

WORTGOTTESDIENST – Gestaltung

<u>Einzug und Eröffnung</u>

○ Die Musikgruppe spielt stille, verhaltene Musik.

○ Der Priester begrüßt die Gemeinde.
Dabei kann Grundgedanke sein:
Stille Musik – stille Zeit; in der Natur ist vieles zur Ruhe gekommen: der Acker, das Feld, der Garten; die Zugvögel sind fortgeflogen; die Bäume sind kahl – entlaubt.

Die Zeit der Ruhe, Zeit der Stille ist Zeit der Erholung, Zeit der Erneuerung: Im Stillen und Verborgenen wächst neues Leben. Jeder von uns hat so im Stillen und Verborgenen begonnen, im Leib seiner Mutter. Neun Monate wartet eine Mutter auf ihr Kind, steht sie im Advent.
Wir erwarten jetzt auch ein Kind, das göttliche Kind, in uns selbst, auf dieser Erde. Wir erwarten die Geburt dessen, der alles neu machen möchte. Er will immer wieder neu geboren werden, in uns, durch uns. Wäre Jesus tausendmal in Bethlehem geboren und nicht in dir, in mir, er wäre für dich und mich umsonst gekommen.
Öffnen wir uns für ihn, daß er kommen und wachsen kann in uns, dieser Jesus, sein Friede, seine Liebe, seine Menschenfreundlichkeit.

○ Lied der Gemeinde

Text und Melodie: F. Kett

Besinnung

○ Ein Kind mit einem dunklen, schwarzen Rhythmiktuch tritt in den Altarraum, stellt sich vor den Altar.

Kommentar:

Es ist nicht nur eine stille Zeit, in der wir jetzt leben, sondern auch eine dunkle Zeit. Die Tage werden kürzer, die Nächte länger; oft liegt Nebel über dem Land; die Sonne bricht nicht durch. Es ist kalt geworden.

○ Weitere Kinder treten mit schwarzen Tüchern in den Altarraum. Die Tücher können Aufschriften tragen wie: ANGST – HUNGER – KRANKHEIT – ARBEITSLOSIGKEIT – KRIEG – VERZWEIFLUNG – TOD.

Kommentar:

Dunkelheit gibt es nicht nur draußen in der Natur: Nebel, Nacht.
Dunkelheit und Finsternis wohnen auch in unseren Herzen.
Ich bin schon drei Jahre arbeitslos, sagt da einer. Ich habe das Gefühl, ich werde nicht mehr gebraucht.
Wir bekommen keine Wohnung, klagt eine Mutter. Sie hat zwei Kinder und lebt allein.
Deine Lebenszeit ist nicht mehr lang, erfährt ein Patient im Krankenhaus: Diagnose Krebs.
Unser Haus wurde zerstört und wir mußten vor dem Krieg fliehen, berichten Menschen aus Jugoslawien.
Ich seh' kein Licht mehr, sagt der eine, ich habe keinen Schimmer Hoffnung mehr, der andere. Wir können nicht mehr, wir sind am Ende, rufen Menschen an vielen Orten. Und was heute ist, war gestern und vorgestern und zu aller Zeit. Eine Geschichte erzählt uns davon, eine Geschichte, die sich vor über 2000 Jahren zugetragen hat, eine alte Geschichte, die doch auch eine Geschichte unserer Zeit sein kann.

○ Die Kinder bedecken mit den dunklen Tüchern den Altar, bzw. einen Tisch im Altarraum. Ein Korb Steine wird darauf ausgeschüttet.

Erzählung

Da ist ein Volk, das sich das Volk Gottes nennt, das Volk, das glaubt, von Gott auserwählt und besonders geliebt zu sein, das Volk Israel. Aber Gott scheint es verlassen zu haben.
Da sind Feinde ins Land gefallen, der König von Babylon mit einem mächtigen Heer. Wie ein Heer von Heuschrecken wälzten sich die Soldaten übers Land. Wohin sie kamen, wurde alles zerstört. Verbrannte Erde, sagt man, verwüstet, wüst und leer. Die Bäume wurden umgehackt, die Weinstöcke aus der Erde gerissen, die Brunnen mit Steinen zugeschüttet, die Dörfer zerstört. Kein Stein sollte mehr auf dem anderen bleiben. Die Stadt Jerusalem, die Hauptstadt des Landes, der Tempel, wo das Volk seinen Gott verehrte, wurden dem Erdboden gleichgemacht.
Die Menschen aber, Frauen und Männer, die Kinder wurden abgeführt in die Gefangenschaft, in ein fremdes Land, nach Babylon. Im Reich des fremden Königs sollen sie Sklavendienst tun, Frondienst, Straßen bauen, Paläste.
Wenn es dann Abend, Nacht wird, kommen Traurigkeit, Finsternis, Verzweiflung in die Herzen der Gefangenen, Sklaven. Alles haben wir verloren,

sagen sie, unsere Heimat, unsere Stadt, unseren Tempel, unsere Freiheit, ja unseren Gott. Er hat uns verlassen. Wir sind am Ende. Und sie sitzen an den Flüssen Babylons und ihre Klagen sind zu hören. Klagen, die zeitlos sind, Klagen von damals und heute.

○ Liedruf

Text und Melodie: F. Kett

Wir sind im Dunkeln. Wer bringt uns Licht?
Wir sind gefangen. Wer macht uns frei?
Wir sind in der Fremde. Wer führt uns heim?
Wir leiden Hunger. Wer gibt uns Brot?
Wir haben Angst. Wer schenkt uns Mut?
Wir müssen sterben und möchten leben.
Wir sind am Ende. Wer hilft uns denn?

Gebet

Gott!
Wir stimmen ein in den Ruf aller,
die in Finsternis sitzen, in Todesschatten.
Gott, warum hast du uns verlassen?
Gott, du bist so fern!
Gott, warum hörst du nicht unser Rufen?
Gott, wo bleibst du denn?
Gott, wir sind am Ende!
Gott, steh auf und eile uns zu Hilfe!

Die Verheißung von Leben durch den Propheten Isaias

Ein Mensch steht auf, einer, den Gott schauen läßt, was kommen wird, ein Prophet. Isaias ist sein Name. Er ruft dem Volk, das in der Finsternis sitzt und weint und klagt, zu:

Melodie: volkstümlich, Text: F. Kett

① **Hört, ihr Verzweifelten!**
Ein großes Licht wird aufstrahlen in euerer Dunkelheit.

○ Ein Kind trägt einen großen Stern um den Altar, stellt ihn in der „Dunkelheit“ ab. Die Gemeinde wiederholt den Ruf:

Faßt Mut, faßt Mut, hebt euer Haupt!
Auf Gott vertraut, auf ihn nur baut!
Gott selbst wird kommen und bei uns sein
und wenden alle Not und Pein.

② **Das verwüstete Land, die öde Steppe wird grünen. Was vertrocknet und verblüht, wird ausschlagen, in Blüte stehn.**

○ Kinder schmücken mit Tannenzweigen den dunklen Altar.

Dazu Gemeindelied:

Faßt Mut, faßt Mut, hebt euer Haupt!
Auf Gott vertraut, auf ihn nur baut!
Gott selbst wird kommen und bei uns sein
und wenden alle Not und Pein.

③ **Eine Frau wird empfangen und einen Sohn gebären. Sein Name wird sein: Emanuel, d. h. Gott mit uns, Friedensfürst, weiser Rat, starker Held.**

○ Ein Kind trägt die Gestalt der Maria um den Altar und stellt sie in der Dunkelheit ab.

Dazu Lied eventuell im Kanon:

Faßt Mut, faßt Mut, hebt euer Haupt!
Auf Gott vertraut, auf ihn nur baut!
Gott selbst wird kommen und bei uns sein
und wenden alle Not und Pein.

Tagesgebet

Gott!
Wir schauen deine Macht in vielen Dingen.
Wir finden sie im sich erneuernden Leben der Natur,
in den Tag- und Nachtgestirnen des weiten Himmels,
im Werden und Wachsen eines Kindes im Mutterleib.
Vor allem aber offenbarst du uns dein Heil in Jesus.
Seine Geburt wollen wir feiern.
Sein Kommen erwarten wir. Voll Sehnsucht rufen wir:
Maran athan, komm Herr Jesus, komm!

Mahlfeier

Fürbitten – Gabenbereitung

Während der Gabenbereitung durch den Priester tragen Kinder Fürbitten vor, dazu jeweils der Vers:

Text und Melodie: F. Kett

- Jesus, komm, bringe Frieden in unser Herz, auf die Erde!
- Jesus, komm, bringe Liebe in unser Herz, auf die Erde!
- Jesus, komm, bringe Freude in unser Herz, auf die Erde!
- Jesus, wir warten auf dich. Führe uns aus aller Dunkelheit ins Licht.

Danksagung

Groß bist du, Gott, heilig und gut. Erde und Himmel hast du erschaffen, die Luft, das Wasser, das Feuer, Pflanzen und Tiere und uns Menschen.
Und wo wir Menschen im Dunkeln sind, in der Nacht, in Finsternis, in Todesschatten, da läßt du uns Licht aufscheinen, das Licht von Sonne, Mond und Sternen und ein Licht, das die Finsternis unserer Herzen erhellt, Jesus deinen Sohn. Er ist der wahre Morgenstern der finsteren Nacht, der Gott mit uns, das Licht vom Lichte, das uns leuchtet und uns zu Kindern Gottes, Kindern des Lichtes macht. Auf Jesus warten wir. Auf ihn hoffen wir. Für ihn danken wir und loben dich mit allen Engeln und Heiligen.

Text und Melodie: überliefert

Wandlung

Die Kinder werden angeleitet, auf Jesus in den Gestalten von Brot und Wein zu schauen, sich an Stirn, Mund und Herz zu bekreuzigen und zu singen:

Zum Friedensgruß

○ Lied

Text und Melodie: Herkunft unbekannt

Während der Kommunion

Musikgruppe spielt meditative Musik.

Beschluß

○ Unser erstes Tor wird geöffnet, das Transparentbild beleuchtet.

– Wir schauen die Isaiasbotschaft im Bild (leise Musikuntermalung).
– Kurzer Kommentar zum Bild und seiner Thematik.

Die Ruinen eines Hauses erinnern uns:
Es gibt an vielen Orten unserer Erde Zerstörung – Krieg – Tod.
Über dem verwüsteten Land aber erstrahlt ein Licht, ein heller Stern. Er sagt:
Hebt euer Haupt! Euere Erlösung naht! Laßt den Stern euch einleuchten, aus euch herausleuchten.
Werdet hell und licht.

Eine Blume grünt, erblüht und verkündet:
Das öde, wüste Land wird wieder in Blüte stehen!
Laßt in euch die Hoffnung, den Glauben, die Liebe erblühen!

Das Kind in der Blume aber ist der, den Gott verheißen hat, der Emanuel, der Gott mit uns. Von dem Kind singen wir: „Es ist ein Ros entsprungen, aus einer Wurzel zart.“ Bereitet dem Kind euer Herz!

○ Lied:

Text: F. Dörr
Melodie: „Morgenglanz der Ewigkeit“ aus GL 668

2. Gott naht sich mit neuer Huld, daß wir uns zu ihm bekehren;
er will lösen unsre Schuld, ewig soll der Friede währen.

3. Aus Gestein und Wüstensand werden frische Wasser fließen;
Quellen tränken dürres Land, überreich die Saaten sprießen.

4. Blinde schaun zum Licht empor, Stumme werden Hymnen singen,
Tauben öffnet sich das Ohr, wie ein Hirsch die Lahmen springen.

5. Gott wird wenden Not und Leid. Er wird die Getreuen trösten,
und zum Mahl der Seligkeit ziehen die vom Herrn Erlösten.

Gebet

Gott, unser Vater!
Wir danken dir für deine Verheißung,
deine Zusage, alles neu zu machen.
Du läßt uns nicht in Todesschatten sitzen.
Du befreist uns zum Leben, zu einem
Leben in Friede durch Jesus, deinen Sohn,
der mit dir lebt und herrscht in Ewigkeit.
Amen.

Hinweis auf die Adventlaterne, die verteilt wird, das Liedblatt, das das Bild für das erste Tor enthält und einen Text für adventliches Beten zu Hause.

Segen durch den Priester.

Zum Auszug Spiel der Musikgruppe.

LEBEN EMPFANGEN

ADVENTLATERNE

Male das Bild des Liedblattes mit kräftigen Farben aus, schneide es an den gestrichelten Linien aus und hinterklebe damit die zweite Tür deiner Laterne. Zuvor mußt du allerdings diese Tür an den gestrichelten Linien aufschneiden.

ADVENTBESINNUNG

Schalte Radio/Fernseher aus. Beleuchte deine Laterne. Betrachte das Bild. Erinnere dich an den Gottesdienst. Wir haben gesungen: Der Himmel geht über alle auf, auf alle über, über alle auf. Wir haben von einem neuen Stern gehört, der aufgegangen ist. Seine Botschaft ist: Der Himmel kommt auf die Erde. Gott wird Mensch. Er will unter den Menschen wohnen.

Unser Bild zeigt einen Engel

Er kommt zu Maria. Er grüßt sie:
Gegrüßest seist du Maria, voll der Gnade, der Herr ist mit dir.
Maria erschrickt. Was soll der Gruß bedeuten?
Der Engel verkündet: Du sollst Mutter werden. Du sollst ein Kind empfangen. Das Kind wird Gottes Sohn heißen. Bist du bereit? Maria antwortet: Ich bin eine Magd des Herrn. Mir geschehe nach deinem Wort.
Der Engel kommt auch zu Josef. Er läßt ihn im Traum wissen: Das Kind, das Maria in ihrem Leibe trägt, kommt von Gott. Sei diesem Kind ein Vater. Begleite Maria auf ihrem Weg. Auch Josef antwortet: Ich bin bereit. Gottes Wille soll geschehn.

Wir grüßen mit dem Gruß des Engels

- alle Frauen, die Mutter werden:
  Gegrüßet seist du voll der Gnade, der Herr ist mit dir!
- alle Männer, die Vater werden:
  Gegrüßet seist du voll der Gnade, der Herr ist mit dir!
- alle Menschen, die zu Gottes Willen ja sagen:
  Gegrüßet seist du...
- alle Menschen, die Gottes Frieden im Herzen annehmen:
  Gegrüßet seist du...
- alle Menschen, die Gottes Liebe im Herzen tragen:
  Gegrüßet seist du...
- uns selbst, die wir seit unserer Taufe Gottes Leben in uns tragen:
  Gegrüßet seist du...

Wir beten:

Gott, unser Vater!
Du schenkst das Leben. Aus der Liebe zwischen Mann und Frau läßt du ein neues Leben werden.
Segne alle, die Mutter und Vater werden. Gib ihnen Mut, den Weg zu gehen!
Segne alle Kinder, die unterwegs sind. Schenke ihnen die Liebe ihrer Eltern.
Segne uns selbst und unsere Eltern, Geschwister. Amen.

GOTTESDIENST

Einführung in die Thematik

Leben können wir nicht machen, sondern empfangen. Es wird uns gegeben und genommen. Was wir vermögen, ist, Leben zu bejahen, ihm Raum zu geben in uns, es einzulassen, bzw. auszulassen wie den Atem.
Leben ist vielfältig. Es ist das vitale Leben in uns, unsere Lebenskraft. Die Hl. Hildegard von Bingen spricht von der Grünkraft des Lebens. Sie zeigt sich in Lebensäußerungen wie atmen, essen, verdauen, sich bewegen, wachsen, fortpflanzen. Leben äußert sich in unserer geistig-seelischen Lebendigkeit, im Reden, Denken, Fühlen, in all unseren schöpferischen Akten. Alles Leben begründen wir in dem, der der Lebendige schlechthin ist, das Leben selbst. Unser Streben nach Wahrheit, unser Eintreten für Gerechtigkeit, unsere Fähigkeit zu lieben, bringen wir im besonderen mit Gottes Leben, seinem Atem, Odem, Geist in Verbindung. Wir sprechen von den Gaben des Heiligen Geistes. Wir können das empfangene Leben weiterschenken. Wir können Leben im biologischen Sinn zeugen und gebären. Wir vermögen zu geistiger Lebendigkeit anzustiften. Das Kind ist die Gestaltwerdung des Lebens, gleich welcher Art, gilt als Symbol für ursprüngliches Leben und seine Äußerungen wie Offenheit, Flexibilität, Spontanität, Neugierde, Kreativität. Wir sprechen vom Kind in uns und meinen all diese Eigenschaften und darüber hinaus unsere Lust am spielerischen Umgang mit der Welt, eine Unvoreingenommenheit den Dingen gegenüber, das Bedürfnis zu lieben und geliebt zu werden, eine durch diese Offenheit bedingte Verletzbarkeit, das Vertrauen, daß alles in allem einen letzten Sinn hat. Wir müssen uns hier fragen, in wieweit dieses unser inneres Kind in uns leben darf, bzw. in wieweit wir es, durch die Verletzungen des Lebens verhärtet, verkümmern lassen, ja, unter Umständen „abtreiben". Weihnachten ist das Fest des Kindes. Wir feiern, daß Gott Mensch wird in einem Kind. Doch wäre dieser Jesus tausendmal in Bethlehem geboren und nicht in dir und mir, es nützte nichts (Angelus Silesius). Dieser Jesus wird in uns geboren, wenn wir wie er alles Leben – und besonders das schwache - achten; wenn wir dem „Kind in uns", den oben beschriebenen Haltungen Raum geben, sie entfalten lassen; wenn wir in und durch Jesus das Geschenk annehmen, Kinder des Vaters im Himmel, Töchter und Söhne Gottes zu sein. Gott wird Mensch, damit wir an seinem Menschsein unsere menschliche Würde schauen, unsere eigene Menschlichkeit entwickeln lernen und nicht zu Unmenschen verkommen. Diese Gedanken bestimmen unseren zweiten adventlichen Gottesdienst. Es geht um Mutterwerden – Vaterwerden – Kindsein im direkten wie übertragenen Sinn. In einem Liedvers bitten wir: „Gott werde Mensch, komm zu uns auf die Erden, daß wir Menschen sind und menschlich werden. Komm und mach die Erde neu!"

Material: Großer Stern, eventuell mit Tragestange; Haus der Maria, aus gelbem oder goldenem Plakatkarton erstellt; Gestalt der Maria; Gestalt des Josef; Kind als Strickpüppchen; große Kerze.

WORTGOTTESDIENST – Gestaltung

Einzug und Eröffnung

○ Die Gemeinde singt zur Eröffnung den Kanon:

Faßt Mut, faßt Mut, hebt euer Haupt!
Auf Gott vertraut, auf ihn nur baut!
Gott selbst wird kommen und bei uns sein
und wenden alle Not und Pein. (Siehe Heft S. 17)

○ Der Priester begrüßt die Gemeinde. Er verweist auf die Thematik des

1. Adventgottesdienstes, auf die Verheißung des Propheten Isaias:
– Ein helles Licht wird aufleuchten in der Dunkelheit.
– Die öde Steppe wird grünen, in Blüte stehen.
– Eine Frau wird empfangen und einen Sohn gebären.
Sein Name wird sein: Emanuel, d. h. Gott ist mit uns.

Leben kann man nicht machen. Es wird empfangen. Wir können uns dem Leben öffnen und verschließen. Von Menschen, die sich dem Leben, das Gott schenkt, aufgetan haben, wollen wir heute hören.

Besinnung

○ Ein Kind trägt die Gestalt der Maria in den Altarraum. Es trägt sie um den Altar und stellt sie dort an dem „goldenen Haus" ab.

Dazu Liedvers:

V/A

Text und Melodie: F. Kett

○ Kommentar
Maria ist eine junge Frau. Sie gehört zum Volk der Juden, zum Volk Israel. Sie weiß, was in den heiligen Büchern ihres Volkes geschrieben steht, was Gott verheißen hat durch den Mund seiner Propheten. Sie sehnt sich danach, daß der Verheißene Gottes kommt, der Emanuel, der Friedensfürst, der Gott mit uns. Sie bittet Gott darum in einem alten Ruf. Wir wollen ihn mit ihr singen:

○ Liedruf – Bitten, durch Kinder und Eltern vorgetragen

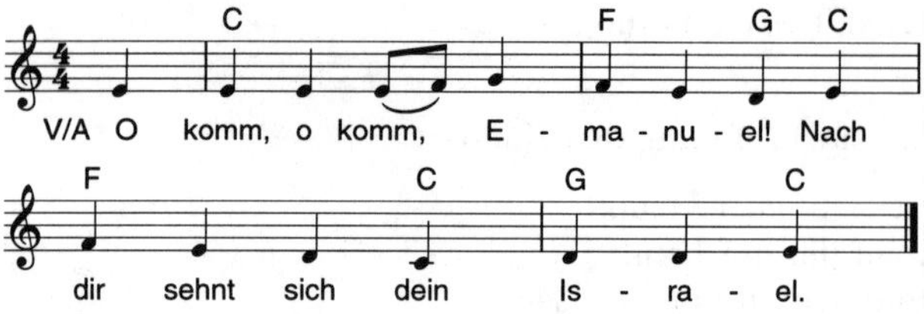

1. Es herrscht Krieg auf dieser Erde an vielen Orten, unter Völkern, unter Menschen. Auch wir haben immer wieder Streit untereinander. Komm, Emanuel, bring den Frieden auf die Erde, in unsere Herzen!

2. Habsucht, Haß und Neid zerstören Beziehungen, werfen dunkle Schatten in unser Leben. Komm, Emanuel, erwecke in uns Menschenfreundlichkeit, Güte und Liebe! Bringe Licht in unsere Dunkelheit!

   V/A O komm, o komm Emanuel!
   Nach dir sehnt sich dein Israel.

3. Angst lähmt unser Herz, Angst vor Versagen, vor der Zukunft, vor Krankheit und Tod. Komm, Emanuel, schenke uns Lebendigkeit, Mut, Vertrauen. Gib uns den Glauben, daß unser Gott ein Gott des Lebens ist.

   V/A O komm, o komm Emanuel!
   Nach dir sehnt sich dein Israel.

Gebet

Ja, komm, Emanuel,
Friedensfürst, starker Held, weiser Rat!
Befreie uns von allem, was Leben verhindert, Leben zerstört. Schenke uns Leben in Fülle. Amen.

Katechese

I. Leben empfangen – Guter Hoffnung werden

○ Ein Kind trägt einen großen Stern in den Altarraum. Es trägt ihn zu Maria, so daß er über Maria – Marias Haus leuchtet. Die Prozession mit dem Stern kann mit Musik begleitet werden.

Kommentar

Ein Stern geht auf über Marias Haus. Der Stern wirft sein Licht in Marias Herz. Er will sagen: Maria, der Himmel, Gott kommen zu dir, wollen in deinem Haus, in deinem Herzen Wohnung nehmen.

○ Lied

Der Himmel geht über alle auf,

○ Erzählung

Es wird hell in Marias Haus.

– Kinder spielen, wie es hell wird, die Sonne – ein Licht aufstrahlt. Sie führen die Hände nach oben.

Ein Engel tritt ein in Marias Haus, Marias Herz. Er verneigt sich.

– Kinder verneigen sich mit nach oben geöffneten Händen.

Der Engel spricht zu Maria: „Du bist voll der Gnade, der Herr ist mit dir."

– Alle wiederholen den Gruß.

Maria erschrickt in ihrem Herzen. Was soll das Licht, der Gruß bedeuten?
Der Engel verkündet: „Gott hat dich auserwählt, Maria. Du sollst empfangen und einen Sohn gebären. Es ist der Emanuel, der verheißene Messias, der Gott mit uns. Bist du bereit?"
Maria öffnet ihre Hände, ihr Herz. Sie antwortet: „Ich bin bereit. Mir geschehe nach deinem Wort."

– Die Kinder öffnen ihre Hände und wiederholen die Antwort Marias.

Kommentar

In Maria beginnt ein neues Leben, Leben, das Gott gibt, Gottes Leben. Es beginnt klein und unscheinbar. Es wächst, wie wir alle gewachsen sind im Leib unserer Mutter, neun Monate lang.

Der Erzähler zeigt den Kindern ein kleines Strickpüppchen. Er bringt es in eine embryonale Haltung, umschließt es mit den Händen.

So wächst Leben heran, umschlossen, geborgen im mütterlichen Schoß, gehalten und getragen und genährt. Eines Tages spürt die Mutter Maria – jede werdende Mutter: „In mir lebt es. Mein Kind bewegt sich." Die Mutter trägt Sorge um ihr Kind. Hoffentlich hast du gute Augen, denkt sie. Hoffentlich hast du gute Ohren, gesunde Hände und Füße. Hoffentlich hast du ein gesundes Herz, sagt sie. Sie ist guter Hoffnung. Sie trägt Leben. Sie ist voll der Freude.

○ Wir grüßen nochmals mit dem Gruß des Engels:

– Die Mutter Maria
V/A Gegrüßet seist du Maria, voll der Gnade. Der Herr ist mit dir.
– Jede Frau, die ein Kind im Leibe trägt, Mutter wird.
V/A Gegrüßet seist du, voll der Gnade. Der Herr ist mit dir.

II. Lebensverantwortung tragen

○ Ein Kind trägt die Figur des Josef in den Altarraum und stellt sie zu Maria. Dazu der Liedruf:

Kommentar

Maria ist mit Josef verlobt. Verlobte besuchen sich, sie begrüßen sich herzlich, umarmen sich. Sie denken an ihre Hochzeit. Sie sehnen sich danach, ein Herz, eine Seele, ein Leib zu sein. Sie reden untereinander über die Kinder, die sie gemeinsam haben werden.

○ Erzählung:

Josef erkennt: Maria ist schwanger. Sie bekommt ein Kind. Er ist ratlos. Wie soll er dazu stehen, zu Maria seiner Verlobten, die Mutter wird, zu dem Kind?
Ein Engel kommt auch zu Josef, eines Nachts, im Traum. Vielleicht grüßt der Engel Josef mit dem gleichen Gruß, mit dem er Maria gegrüßt hat: „Du bist voll der Gnade, der Herr ist mit dir!“ Und Josef erschrickt und der Engel sagt: „Fürchte dich nicht, Josef. Was Maria im Leibe trägt, kommt von Gott, ist aus Gottes Atem, seinem Geist, ist Gottes Leben. Sei du dem Kind ein Vater. Sei du der Frau Maria ein Begleiter auf ihrem Weg der Mutterschaft.“ Und Josef antwortet: „Ja, ich bin bereit.“

○ Wir grüßen alle, die Vater werden, mit dem Gruß des Engels

– Josef:
V/A Gegrüßet seist du Josef, voll der Gnade. Der Herr ist mit dir.

– Alle Männer, die Vater werden, ja sagen zu ihrem Kind:
V/A Gegrüßet seist du, voll der Gnade. Der Herr ist mit dir.

Gebet

Gott, unser Vater!
An der Menschwerdung deines Sohnes schauen wir unsere eigene menschliche Würde und Aufgabe, Leben zu empfangen, zu tragen, zu hüten und zu bewahren, mütterlich und väterlich zu sein. Gib uns dazu deine Kraft, deine Gnade. Amen.

Mahlfeier

Fürbitten – Gabenbereitung

Während der Gabenbereitung werden Fürbitten vorgetragen.
Als Rahmenvers singen wir:

Text und Melodie: F. Kett

① Wir denken an alle Kinder, die noch ungeboren sind, im Leib ihrer Mutter, daß sie so empfangen werden, wie wir im Lied singen.

② Wir denken an die Frauen, die Mutter werden und bitten, daß sie die Kraft haben, ihr Kind anzunehmen und ihm das Leben auf dieser Erde schenken.

③ Wir beten für alle Männer, die Vater werden. Wir bitten, daß sie die Verantwortung für ihr Kind übernehmen und der Mutter ihres Kindes treu und hilfsbereit zur Seite stehen.

Danksagung

Lob und Dank sei dir, großer, allmächtiger Gott!
In unsere Finsternis sendest du uns ein Licht. Du schenkst uns deinen Sohn Jesus.
In seiner Menschwerdung können wir schauen, was es bedeutet, Mensch zu sein, Kind, Mutter und Vater, offen, bereit für das Leben, es hüten und bewahren und damit dich zu ehren, der du der Ursprung allen Lebens bist.
Wir danken dir für Jesus, den Morgenstern der finstern Nacht, die Sonne der Gerechtigkeit, Wahrheit und Liebe. Wir preisen dich für Jesus, der uns Weg ist zu einem Leben in Fülle. Mit allen Engeln und Heiligen singen wir dein Loblied.

Lied

Text und Melodie: überliefert

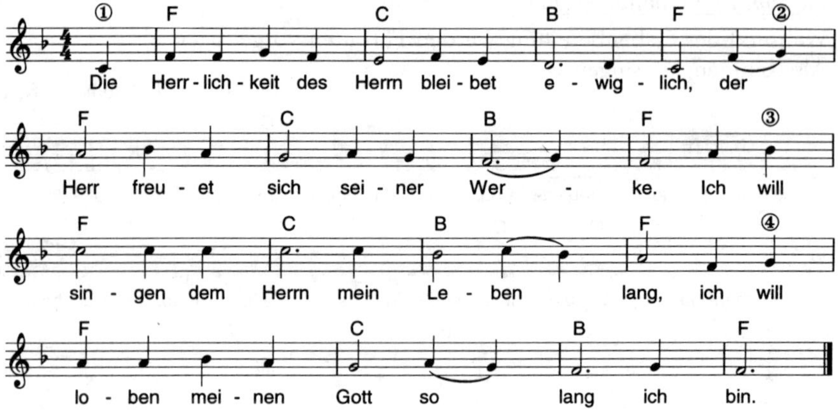

Wandlung

Die Kinder werden angeleitet, auf Jesus in den Gestalten von Brot und Wein zu schauen, sich an Stirn, Mund und Herz zu bekreuzigen und zu singen:

Friedensgruß

Menschenkinderverlag; 48157 Münster

Text und Melodie: D. Jöcker

2. Du bist da, wo Menschen hoffen, du bist da, wo Hoffnung ist.
   Du bist da, wo Menschen hoffen, du bist da, wo Hoffnung ist.
3. Du bist da, wo Menschen lieben, du bist da, wo Liebe ist.
   Du bist da, wo Menschen lieben, du bist da, wo Liebe ist.

Aus: MC und Buch
Das Liederbuch
zum Umhängen 1

Während der Kommunion

Musikgruppe spielt meditative Musik.

Beschluß

○ Unser zweites Tor wird geöffnet, das Transparentbild beleuchtet.
Wir schauen in Stille und zu ruhiger Musik das Bild.

○ Kommentar

Der Stern wirft sein Licht auf beide, auf Maria und Josef.
Der Engel kommt zu beiden. Er bringt Maria die Botschaft, sie soll Mutter werden. Er macht Josef Mut, dem Kind Vater zu sein. Maria und Josef sagen ja zum Leben, das Gott ihnen anvertraut.

Hören wir, was eine Frau von heute an dem Tag, an dem sie feststellt, daß sie Mutter wird, in ihr Tagebuch schreibt.

Ich bin schwanger. Die Nachricht traf mich wie ein Blitz, obwohl ich damit rechnen mußte. Jetzt trage ich Leben in mir. Ein Menschenkind will in mir wachsen – sich entfalten. Ich bin betroffen, angerührt ganz tief in meinem Herzen. Wenn Gott die Quelle des Lebens ist, sein Geist der Atem, Lebensodem, dann bin ich von ihm berührt, von seinem Engel. Wie soll ich dazu stehen, was soll geschehn? Ich will ja sagen zu dem neuen Leben, zu dem Kind. Ich will ihm Raum geben in mir – in meinem Leben.
Ich will Zu-Hause sein meinem Kind.

Gebet

Gott!
Du schenkst den Atem des Lebens. In jedem neuen Leben wird deine Schöpfungsmacht sichtbar.
In Jesus trittst du ein in unsere menschliche Geschichte. An Jesus, an Maria und Josef können wir schauen, wie wir wahrhaft menschlich leben können, was unsere menschliche Würde und Bestimmung ist.
Bereite unser Herz, daß wir die Geburt deines Sohnes mit lauterem Herzen feiern. Durch unseren Herrn Jesus Christus,...

Hinweis auf die Adventslaterne, die häusliche Adventsandacht.

Segen – Schlußlied

Text und Melodie: F. Kett

ADVENTLATERNE

Male das Bild des Liedblattes mit kräftigen Farben aus, schneide es an den gestrichelten Linien aus, und hinterklebe damit die dritte Tür deiner Laterne. Zuvor mußt du allerdings diese Türe an den gestrichelten Linien aufschneiden.

ADVENTBESINNUNG

Schalte Radio/Fernseher aus. Beleuchte deine Laterne. Betrachte das Bild. Erinnere dich an den Gottesdienst, an den Weg, den Maria zu Elisabeth gegangen ist, wie sie von Elisabeth begrüßt wurde, was alles unterwegs geschehen ist.

WAS SAGT DIR DAS BILD?

Es zeigt Maria mit einer Rose. Darin ist ein Kind. Jedes Kind ist wie eine Blüte, Blume. Im Schoß der Mutter wächst und knospet die Blume. Bei der Geburt blüht sie auf. Als Maria zu Elisabeth gekommen ist, wurde sie begrüßt: Du bist gebenedeit unter den Frauen und gebenedeit ist die Frucht deines Leibes, Jesus.

Das Kind der Maria, Jesus, wird vieles zum Leben bringen, erblühen lassen. Du siehst im Bild noch einen Räuber. Eine Legende erzählt folgende Geschichte:
Maria ist auf dem Weg nach Hause, nach Nazareth. Ein Räuber haust in jener Gegend. Er raubt die Reisenden aus. Er sieht Maria des Weges kommen. Er sieht, sie trägt etwas unter ihrem Mantel. Einen Schatz, Gold oder wenigstens Brot?
Er springt aus seinem Versteck hervor. Er ruft Maria an: „Gib deinen Schatz her!“ Maria lächelt den Räuber an. Sie antwortet: „Komm und fühle meinen Schatz.“ Sie führt die Hand des Räubers an ihren Leib. Er spürt das Kind, das sich im Leib Marias bewegt. Noch nie in seinem Leben hat er so etwas gefühlt. Maria ist schon weiter gegangen, der Räuber schaut noch immer seine Hand an, die Jesus gespürt hat und sein Herz beginnt sich zu verändern. Sein Herz, hart wie Stein, wird weich, wird ein wirklich menschliches Herz. Der Räuber muß nicht mehr räuberisch sein.

Viele Menschen werden von Jesus erlöst, werden verwandelt:
Blinde werden in der Berührung mit Jesus sehend, Taube hörend, Stumme redend, Lahme springen wieder. Bitte Jesus, daß er auch dein Herz verwandle.

Gebet

Ein gutes Herz das gib mir heute,
ein gutes Herz laß in mir sein,
ein gutes Herz, das voller Freude,
ein Herz aus Liebe, nicht aus Stein.

GOTTESDIENST

Einführung in die Thematik

In der Geschichte der unverhofften Schwangerschaft der Elisabeth, einer Verwandten Marias und der Reaktion ihres Mannes Zacharias begegnen wir einer Lebenssituation, die uns vielleicht selbst schon zu eigen war.

Da haben sich Lebenswünsche nicht erfüllt. Alles scheint hoffnungslos zu sein. Man hadert mit sich, mit Gott und der Welt. Schließlich ergibt man sich in sein Los, weil nichts zu machen ist. Man läßt los, Pläne, Erwartungen und da geschieht unverhofft ein Wunder. Es verschlägt einem die Sprache. Man kann es gar nicht glauben. Erst als das Unglaubliche handgreiflich geworden ist, findet man zu Worten, kann man darüber reden.

Ein Zweites zeigt uns die heutige Geschichte. Leben, das im Kommen ist und angenommen wird, steckt zum Leben an, macht lebendig. Ich konnte es immer wieder konkret erfahren als Lehrer an einer Ausbildungsstätte für Erzieher. Eine unverhoffte Schwangerschaft! Zunächst Ratlosigkeit, Schrecken! Pläne werden durchkreuzt. Wurde das neue Leben dann akzeptiert, geschieht Veränderung, ein Erblühen zum Fraulichen, Mütterlichen. Das Leben, das wurde, ließ Leben ringsum miterblühen: Aufmerksamkeit, Behutsamkeit, Rücksichtnahme, Teilhabe, Mitfreude.

In der Heiligen Schrift wird berichtet, als Maria in guter Hoffnung zu Elisabeth eilte, wurde diese in Freude erschüttert und mit ihr und in ihr ihr Kind. Es hüpfte vor Freude auf im Schoß seiner Mutter. Freude bringt in Bewegung, macht lebendig. Als Maria mit ihrem Kind unterm Herzen nach Nazareth zurückkehrt, erzählt die Legende, wird die ganze Schöpfung lebendig, mit Freude erfüllt. Dornen tragen Rosen, Bäume schlagen aus, Vögel singen, Quellen sprudeln. An der Mutterschaft Marias nimmt die ganze Schöpfung Anteil, frohlocken Himmel und Erde.

Vielleicht vermag der Gottesdienst in uns etwas von dieser ursprünglichen Freude wecken, uns wider alle Hoffnung hoffen und wo wir versteinert, verhärtet sind, in Bewegung, in Fluß geraten lassen.

Material:

Maria und Elisabethfigur;
Haus der Maria;
Haus der Elisabeth;
Jesuskerze;
graue und braune Rhythmiktücher;
größere Steine;
Schale mit Rosen;

WORTGOTTESDIENST – Gestaltung

Einzug und Eröffnung

Text und Melodie: F. Kett

○ Begrüßung durch den Gottesdienstleiter, Priester.
Er verweist auf den vorangegangenen Gottesdienst, sein Thema, das Torbild: Leben empfangen.
Gott hat seinen Engel zu einer Frau geschickt. Seine Anfrage war: Bist du bereit, das Leben, das dir Gott anvertraut, zu empfangen und zu tragen? Die Antwort dieser Frau, Marias ist: Ich bin bereit. In der Heiligen Schrift spricht Maria: Ich bin eine Magd des Herrn. Mir geschehe nach deinem Wort. Gott hat seinen Engel auch zu einem Mann geschickt, Josef mit Namen. Der Auftrag des Engels lautet: Sei dem Kind ein Vater! Sei der Frau ein Begleiter auf ihrem Weg, Mutter zu werden. Auch Josef spricht wie Maria: Ich bin bereit.
Gott vertraut auch uns Leben an auf verschiedene Weise. Öffnen wir uns diesem Leben? Sind wir bereit, das Leben, das Gott gibt und Gott ist, bei uns wohnen zu lassen? Geben wir Gott, seinem Leben, in unserem Herzen Raum?

Besinnung

① Gott, Friede schützt Leben. Friede läßt leben. Im Kind von Bethlehem, in Jesus kommt Frieden auf die Erde.
Sind wir bereit, diesen Frieden aufzunehmen in unsere Herzen, in unsere Familien, in unsere Gemeinden und diesen Frieden zu leben?

Ruf:

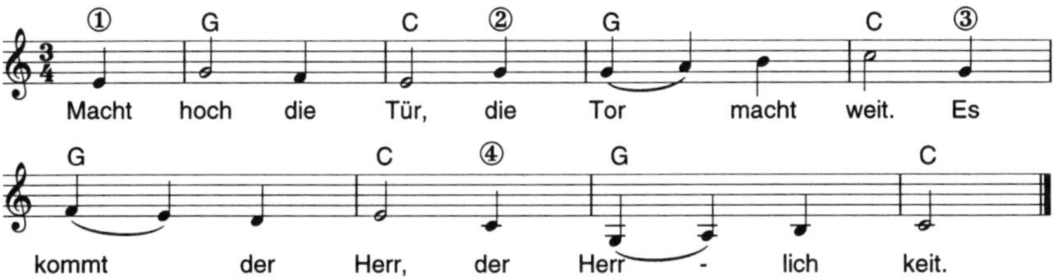

② Gott, die Liebe ist die Kraft, die Leben schafft, Leben ermöglicht, es behütet und beschützt. Im Kind von Bethlehem, in Jesus kommt deine Liebe zu uns.
Öffnen wir uns diesem Kind? Lassen wir die Liebe und Güte als bestimmende Kraft unseres Lebens zu?

Ruf

Macht hoch die Tür, die Tor macht weit.
Es kommt der Herr der Herrlichkeit.

③ Gott, du bist ein lebendiger Gott. Im Kind von Bethlehem, in jedem neugeborenen Kind begibst du dich in unsere Hände, vertraust du dich uns an. Sind wir bereit, dich, du Ursprung allen Lebens, aufzunehmen, dir Platz zu geben?

Ruf im Kanon:

Macht hoch die Tür, die Tor macht weit.
Es kommt der Herr der Herrlichkeit.

Gebet

Allmächtiger und allherrschender Gott!
In einem kleinen, hilflosen Kind kommst du zu uns, wirst du einer von uns, willst du von uns aufgenommen werden, du, der du die Liebe bist und Liebe forderst, der du das Leben bist und lebendig machst.
Öffne unser Herz für dein Kommen. Wir wollen dich mit Freude empfangen. Amen.

Katechese

I. Leben erblüht wider alle Hoffnung

○ Kinder gestalten mit braunen, grauen Rhythmiktüchern und Steinen eine hügelige und bergige Landschaft.

Die Bildgestaltung kann musikalisch auf Xylophon und Handtrommel untermalt werden.

Kommentar:

Unsere heutige Geschichte führt uns in ein hügeliges, steiniges Land, ins Gebirge. Dort wohnt eine Verwandte Marias. Schauen und hören wir, wer sie ist.

○ Ein Kind trägt behutsam die Gestalt der Elisabeth in den Altarraum. Es umrundet den Altar und stellt die Figur ins Gebirge, bzw. im Haus im Gebirge ab.

○ Erzählung:

Elisabeth, eine Cousine Marias, wohnt im Gebirge. Sie ist verheiratet mit Zacharias, einem Priester.

Elisabeth wünscht sich sehnlichst ein Kind. Viele Jahre schon wartet sie darauf, zusammen mit ihrem Mann. Ihre Hoffnungen erfüllen sich nicht. Sie teilen das Los vieler Menschen, deren Liebe nicht Fleisch annimmt in einem Kind, die kinderlos bleiben. Wer wird für diese Menschen sorgen, wenn sie alt sind? Wer wird ihrer gedenken, wenn sie von dieser Erde fortgegangen, gestorben sind? Wer wird ihr Leben weitergeben, weitertragen?

Elisabeth und Zacharias denken, hat Gott uns vergessen und verlassen, der Gott des Lebens? Warum mutet uns Gott dies zu?

Da geschieht wider alle Hoffnung ein Wunder. Wieder ist ein Engel im Spiel, der Engel, der auch zu Maria kam, der Engel Gabriel. Engel sind Boten Gottes. Sie erscheinen im Traum. Manchmal kommen sie in Menschen zu uns. Oft bringen sie Licht in eine dunkle Sache. Sie erhellen, erleuchten.

So ist es auch hier. Ein Engel erscheint dem Zacharias und verkündet: Fürchte dich nicht, Zacharias!

Dein Gebet ist erhört. Elisabeth, deine Frau wird dir einen Sohn gebären; dem sollst du den Namen Johannes geben. Du wirst jubeln vor Freude, und viele werden sich mitfreuen an seiner Geburt; denn er wird groß sein vor Gott. (Lk 1, 13–15).

Zacharias ist überrascht. Er kann es nicht fassen. Er kann es nicht glauben. Es verschlägt ihm die Sprache. Er verstummt. Erst als sein Sohn geboren wird, löst sich wieder seine Zunge, kann er wieder reden.

○ Lied

Text: F. Kett/T. Brunnhuber
Melodie: T. Brunnhuber

2. Wo die Herzen ganz versteinert wird die Liebe sie durchglühn.
Wo der Tod die Menschen ängstigt wird das Leben neu erblühn.

II. Du bist gebenedeit unter den Frauen und gebenedeit ist die Frucht deines Leibes, Jesus.

Zu Elisabeth, die Mutter wird, macht sich Maria, die Jesus in ihrem Leibe trägt, auf den Weg. Zwei Frauen, die ein Kind erwarten, verstehen sich. Elisabeth, die schon bald ihr Kind gebären wird, braucht auch Hilfe, Hilfe der Nachbarn und Verwandten. Die Geburt geschieht zu Hause.

○ Kinder tragen die Gestalt Marias und die
Jesuskerze um den Altar in Richtung des Hauses der Elisabeth.

Vorsänger und dann Gemeinde singen dazu:

Text und Melodie: F. Kett

○ Ein Kind trägt die Elisabeth der Maria entgegen.

Dazu die Erzählung:
Elisabeth sieht Maria kommen. Sie eilt aus dem Haus. Sie eilt Maria entgegen. Als sie sieht, Maria wird auch Mutter, freut sich Elisabeth. Auch ihr Kind in ihrem Leib freut sich mit. Sie spürt es, wie es sich bewegt. Elisabeth öffnet die Arme weit, um Maria zu begrüßen. Sie sagt nicht, ach, du wirst auch Mutter, nein, sie ruft: Du bist gebenedeit unter den Frauen und gebenedeit ist die Frucht deines Leibes, Jesus.

○ Die Gemeinde wird angeleitet, die Arme zu öffnen und mit dem Gruß der Elisabeth zu grüßen:

– Maria, die Mutter des Herrn.
Du bist gebenedeit unter den Frauen, und gebendedeit ist die Frucht deines Leibes, Jesus.

– alle Frauen, die ein Kind erwarten.
Du bist gebenedeit unter den Frauen, und gebenedeit ist die Frucht deines Leibes.

III. Ich lobe meinen Gott und singe ihm ein Lied

○ Erzählung

Maria ist von diesem Gruß berührt. Freude steigt in ihrem Herzen auf, Freude muß man kundtun, ausrufen. Maria singt ein Lied der Freude.

Text und Melodie: F. Kett u. T. Brunnhuber

○ Die Kinder stellen die Figuren von Maria und Elisabeth und das Licht auf dem Altar, bzw. Tisch im Haus der Elisabeth ab.

Mahlfeier

Fürbitten – Gabenbereitung

Während der Priester die Gaben bereitet, tragen Kinder Segenswünsche, Bitten vor. Die Gemeinde singt jeweils als Liedruf zuerst einstimmig und zuletzt im Kanon:

- Wir grüßen alle, die Mutter werden. Wir wünschen ihnen Gottes Segen, seine Liebe.
- Wir grüßen alle, die Vater werden. Wir wünschen ihnen Geduld mit ihrem Kind, Freude daran, Gottes Segen.
- Wir grüßen alle Kinder, die noch ungeboren sind. Gott schenke ihnen liebende Eltern.
- Wir grüßen uns gegenseitig und bitten Gott, daß er unsere Herzen öffnet für Jesus, für seine Liebe, seinen Frieden, sein Leben.
- Wir grüßen alle, die Jesus im Herzen tragen. Gott schenke ihnen Mut und Kraft, Jesus zu verkünden, ihn in die Welt zu tragen.

Danksagung

Ja, Herr und Gott, es ist wahrhaft würdig und recht, dich zu loben, dir zu danken. Die stolzen Herzens sind, stürzt du vom Thron, die Einfachen, Niedrigen erhöhst du. Du hast den Schoß Marias erwählt, um unsere Menschennatur anzunehmen. In einem Kind bist du zu uns Menschen gekommen, deine Liebe, dein Frieden, dein Leben. Mit Maria, mit Elisabeth, mit Josef, mit all deinen Engeln und Heiligen wollen wir dein Loblied singen, dich preisen, dir danken:

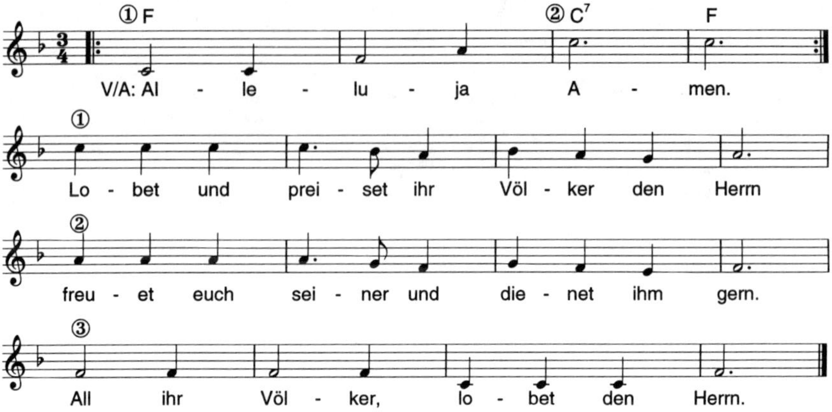

Wandlung

Ruf:
Ich denke an dich.
Ich rede von dir.
Ich liebe dich Herr, du bist bei mir. (Siehe Heft S. 30)

Vor der Kommunion

Lied:
Du bist da, wo Menschen leben,
du bist da, wo Leben ist.
Du bist da, wo Menschen hoffen,
du bist da, wo Hoffnung ist.
Du bist da, wo Menschen lieben,
du bist da, wo Liebe ist. (Siehe Heft S. 30)

Während der Kommunion

Stille, verhaltene Musik der Musikgruppe.

Beschluß

Betrachtung des dritten Adventtores

○ Das dritte Tor wird geöffnet, die Gemeinde angeleitet, sein Bild in Stille zu betrachten, evtl. musikalische Untermalung.

○ Kommentar:

Wir schauen Maria.
Sie trägt eine Rose und darin ihr Kind.
Jedes Kind ist eine Blume,
einer Blüte gleich am Baum des Lebens.
Im Schoß der Mutter wächst, knospet die Blume.
Bei der Geburt erblüht sie.

Von Jesus singen wir in der Weihnachtszeit:
Es ist ein Ros entsprungen aus einer Wurzel zart. Und von Maria wird erzählt: Als sie von Elisabeth wieder fort, heim nach Nazareth ging, fing die ganze Schöpfung zu singen an, vor Freude über das Kommen des Erlösers. Die Sterne am Himmel glühten, die Quellen sprudelten, der Wind sang sein Lied, Bäume schlugen aus und Dornen fingen zu blühen an mitten in kalter Zeit.

○ Ein Kind trägt eine Schale mit Rosen zum Altar, zu Maria.

○ Die Gemeinde singt dazu.

Text und Melodie: T. Brunnhuber u. F. Kett

Bäume singen…	knospet, blüht, freut euch sehr…
Quellen singen…	strömt und fließt, freut euch sehr…
Vögel singen…	pfeifft und singt, freut euch sehr…
Sterne singen…	leuchtet hell, freut euch sehr…
Menschen singen…	tanzt und springt, freut euch sehr…

Zum Schluß:

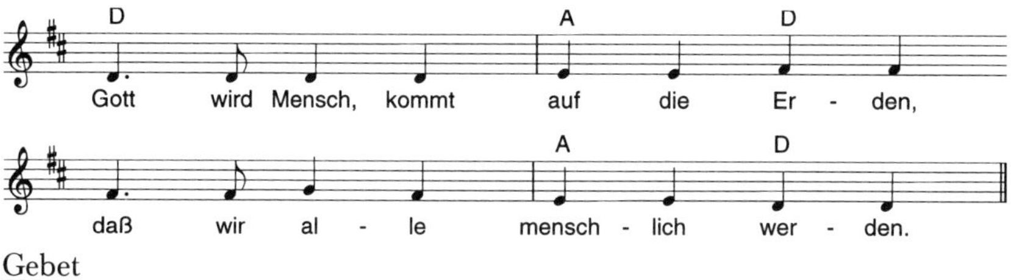

Gebet

Gott, unser Vater!
Wir danken dir für Jesus. Er ist die schönste Blüte am Baum des Lebens. Er ist der neue Mensch. An ihm dürfen wir schauen, wie du uns erdacht hast als Menschen, frei, weit, voller Würde, friedenstiftend, das Leben achtend.
Wir freuen uns auf das Fest der Geburt Jesu. Laß ihn in uns geboren werden, Jesus, der die Liebe, der Friede ist. Amen.

ADVENTLATERNE

Male das Bild des Liedblattes mit kräftigen Farben aus, schneide es an den gestrichelten Linien aus und hinterklebe damit die vierte Tür deiner Laterne. Zuvor mußt du allerdings diese Tür an den gestrichelten Linien aufschneiden.

ADVENTBESINNUNG

Schalte Radio/Fernseher aus. Beleuchte deine Laterne. Betrachte das Bild. Erinnere dich an den Gottesdienst.

Vier Hirten hast du kennengelernt:
Jakob, der dafür sorgt, daß die Schafe satt werden;
David, der mit dem Wolf zu kämpfen weiß;
Daniel, der den Schafen einen warmen Stall baut;
Tobias, den Hirtenjungen.
Alle warten sie auf den, den Gott verheißen hat, den König und Hirten aller Menschen und Völker. Jakob und Tobias schauen voller Erwartung zum Himmel auf. Der große Stern leuchtet auf sie herab. Ob der neue König bei ihnen geboren wird, in ihrem Stall?

EINE GESCHICHTE

Die Hirten machen sich Gedanken, was sie dem König mitbringen werden, wenn er in ihrem Stall geboren würde. „Ein großes Schafsfell", sagt Jakob, „einen Korb mit Eiern", meint David, „einen Sack Holz fürs Feuer", antwortet Daniel. „Ich schenke dem Königskind meine Laterne", sagt Tobias.
„Einer muß freilich zurückbleiben bei den Schafen", meint Jakob
„Wer ist es?"
Die Hirten beraten. Sie sagen, wer das Geschenk hat, das am wenigsten Gewicht hat, der bleibt da.
So bringen sie die Schafswaage und wiegen die Geschenke. Das Fell ist schwer. Der Korb mit den Eiern ist schwer. Der Holzsack ist schwer. Die Laterne ist leicht. Doch sieh mal an. Der kleine Tobias stellt sich samt Laterne auf die Waage. „Ich selbst bin das Geschenk für den König", sagt Tobias, „ich und meine Laterne."
Die Hirten staunen. Sie sagen: „Er ist nicht dumm, der Kleine. Wir nehmen ihn mit mitsamt unseren Schafen. Wir gehen alle, um das Königskind zu verehren."

EIN GEBET

Jesus, was schenke ich dir?
Ich schenke mich dir selbst, mit meinen guten und schlechten Seiten.
Ich weiß, du magst mich.
Du nimmst mich so, wie ich bin.
Das macht mich froh.
Ich liebe dich, Jesus. Amen.

GOTTESDIENST

Einführung in die Thematik

In manchen Märchen begegnen wir dem Bild des Hirten. Es stellt eine wichtige Stufe auf dem Weg der Lebensreifung dar. Als Joringel seine Jorinde verliert, von einer Erzzauberin in eine Nachtigall verwandelt und in einen Käfig gesperrt, geht er Schafe hüten. Sie, die aneinander so großes Vergnügen gefunden haben, werden getrennt. Ein schmerzlicher Prozeß. Aber er muß sein. Es genügt nicht, aneinander Vergnügen zu finden. Um Hochzeit zu feiern, braucht es die Verantwortung füreinander, die gegenseitige Fürsorge. Der Hirte muß entwickelt werden. Es muß gelernt werden, die Schafe zu hüten.

Wir sind alle berufen, Hirten zu werden, Schafe zu hüten, für das Leben zu sorgen, in welcher Art auch immer. Der Hirte trägt mütterliche und väterliche Züge zugleich. Mütterlich sorgt er für Nahrung und Trank, für den warmen Stall; er verbindet, was verwundet ist. Väterlich führt und leitet er, gibt er Orientierung, zeigt er den Weg, verteidigt er die Schafe vor verschlingenden Mächten.
Im Hirten sind gleichsam männliche und weibliche Züge vereint.

Im Psalm beten wir zu Gott als unserem Hirten. Welch ein wunderbares Gottesbild! Ein Gott, der Vater und Mutter zugleich ist.

In unserem Gottesdienst schauen wir Gott als Hirten aller Menschen und Völker. Wir lernen an Hirtengestalten, was es heißt, selbst Hirte zu sein, für das Leben zu sorgen, es zu hüten und zu bewahren. Lassen wir uns von den Hirtengestalten unseres Gottesdienstes anstecken. Werden wir sensibel für das, was in der Luft liegt, für das Kommen unseres Gottes.

Material

Zwei bis drei rote, sechs bis acht grüne Rhythmiktücker;
Steine;
Zapfen zur Gestaltung einer Hirtenlandschaft;
drei Hirtenfiguren, eventuell als Stabpuppen;
mehrere Woll-, bzw. Stoffschafe;
Weidenkorb und Stroh.

WORTGOTTESDIENST – Gestaltung

Eröffnung – Begrüßung

○ Die Musikgruppe spielt zum Einzug des Gottesdienstleiters, Priesters adventliche Musik.

○ Gemeindelied:

Text und Melodie: F. Kett

○ Begrüßung durch den Gottesdienstleiter/Priester.
Er verweist, wenn der Gottesdienst im Rahmen der ganzen Reihe steht, auf die vorausgegangenen Themen.

Die geöffneten und beleuchteten Tore unserer Stadt lassen in Erscheinung treten, was wir bisher gehört und geschaut haben.

Leben verheißen – Leben empfangen - zum Leben erblühen.

Welches Bild verbirgt sich hinter dem vierten Tor?
Schauen wir auch auf die Landschaft, die sich vor uns ausbreitet! Grün ist alles. Wir werden auf die Wiesen und Felder vor Bethlehem geführt, zu den Hirten und Schafen.

Besinnung – Kyrieruf

○ Der Gottesdienstleiter nimmt behutsam aus einem Weidenkorb ein Woll-, bzw. Stoffschaf. Er sucht ein Kind, dem er das Schaf anvertrauen, übergeben kann; wo er es in guten Händen weiß, aufgehoben, sodaß es dort warm hat, geborgen ist.

Dazu Liedvers:

Text und Melodie: F. Kett

○ Das Kind darf das Schaf einem anderen Kind anvertrauen, einem Hirten, von dem es glaubt, daß er es gut trägt und hütet.

Wiederholung des Liedverses

Besinnungsgedanken

① Vieles ist uns anvertraut. Manch einer von euch hat ein Haustier, einen Hamster, ein Meerschweinchen, ein Kaninchen, Vögel oder Fische.
Tragen wir Sorge für diese Tiere? Füttern, pflegen wir sie?
Nehmen wir uns für sie Zeit?

– Stille –

② Vieles ist uns anvertraut. Zu einigen, den Größeren von euch, sagen manchmal die Eltern: „Paß auf das kleine Geschwister auf. Hilf ihm beim Anziehen! Spiel mit ihm! Mach mit ihm die Hausaufgabe!"
Und den Eltern sind die Kinder anvertraut.
Haben wir Zeit füreinander? Hören wir einander zu? Nehmen wir uns ernst, unsere Probleme, Sorgen?

– Stille –

③ Vieles ist uns anvertraut. Die ganze Erde ist uns Menschen anvertraut, die Luft, das Wasser, der Wald, Pflanzen- und Tierwelt. Achten wir auf die Schöpfung? Bewahren wir das Leben? Sorgen wir für den Frieden auf Erden?

– Stille –

Rufen wir um Gottes Erbarmen, wo wir versagt haben. Bitten wir ihn, daß er unsere Herzen wandle, daß wir achtsam, behutsam, sorgsam werden gegenüber allem Leben, das uns anvertraut ist, gegenüber der ganzen Schöpfung; daß wir zu guten Hirten werden.

Kyrieruf:

Katechese

I. Nahrung geben

○ Ein Kind trägt einen Hirten um den Altar.
Er wird mit einem Liedruf vorgestellt.

Text und Melodie: F. Kett

○ Erzählung:

Der Hirte Jakob sucht seine Schafe. Er fragt sich: Wo mögen sie nur sein? Sie sind in alle Winde zerstreut. Ich will sie sammeln und auf eine neue Weide führen mit gutem, fetten Gras. Ich werde sie jetzt rufen. Ob sie meine Stimme hören?
„Hoho... All meine Schafe kommt!“

○ Kinder, an die Schafe verteilt wurden, bzw. die welche mitgebracht haben, werden aufgefordert, zu kommen. Sie ziehen mit dem Kind, das den Hirten trägt, um den Altar. Schafe und Hirte werden in die „Landschaft“ gestellt. Dazu der Liedvers:

> Ich bin der Hirte Jakob. Ich habe viele Schafe.
> Ich führe meine Schafe zu gutem, fetten Gras.

II. Vor dem Bösen schützen und bewahren

○ Ein Kind trägt einen zweiten Hirten um den Altar. In einem Liedvers wird der Hirte vorgestellt und auf dem „Hirtenfeld“ abgestellt.

> Das ist der Hirte David. Er hat viele Schafe.
> Er schützt seine Schafe vor dem bösen Wolf.

○ Erzählung:

David hat es oft mit dem Wolf zu tun. Er hat Erfahrung mit dem Wolf. Er weiß, wie man mit ihm umgeht. Er erzählt uns, was wir tun müssen, wenn der Wolf uns verschlingen will, der Wolf, nicht so sehr draußen im Wald, sondern in uns selbst, der Wolf, der Angst heißt, Mutlosigkeit, Haß, Neid. David erzählt es uns in einem Lied.

(Das Lied wird im Wechsel von Vorsänger und allen gesungen. Der Ruf „Hau ab“ nach der dritten Strophe kann mehrmals erklingen, bis alle Kinder kräftig mit dabei sind.)

Text und Melodie: H. Neubauer

III. Ein Zuhause geben

○ Ein Kind trägt einen dritten Hirten in den Altarraum. Er wird, wie die beiden ersten, vorgestellt und im Hirtenfeld abgestellt.

> Das ist der Hirte Daniel. Er hat viele Schafe.
> Er führt seine Schafe in den warmen Stall.

○ Erzählung:

Daniel weiß, jetzt wird es kalt. Bald kommt Schnee. Meine Schafe brauchen einen schützenden, warmen Stall. Daniel hat vorgesorgt.

○ Kinder tragen einen Weidenkorb und und stellen ihn als Stall in die Landschaft. Sie füllen den Stall mit Stroh.

Dazu der Liedvers:

> Ich bin der Hirte Daniel. Ich habe viele Schafe.
> Ich bring für meine Schafe schönes, warmes Stroh.

Verkündigung – Gebet

○ Erzählung:

Am Abend kommen die Hirten oft zusammen. Sie zünden ein Feuer an, das sie wärmt, das die wilden Tiere abhält, das die Nacht erhellt.

– *Kinder erstellen mit roten Rhythmiktüchern ein Feuer und stellen die Hirten dazu.*

Die Hirten singen und tanzen und der alte Hirte Jakob kann erzählen, was in den heiligen Büchern des Volkes Israel geschrieben steht. Ein Wort ist es, das sie immer wieder hören wollen, das sie nicht losläßt, das sie immer neu bedenken. Es ist die Rede von Gott, daß er selbst Hirte ist, ein Hirte aller Menschen und Völker. Hören wir dieses Wort.

○ Verkündigung aus der heiligen Schrift:
Ich will meine Schafe selber suchen, spricht Gott, der Herr. Ich will mich um sie kümmern. Die Verlorengegangenen (Tiere) will ich suchen, die Vertriebenen zurückbringen, die Verletzten verbinden, die Schwachen kräftigen, die Starken behüten. Ich will ihr Hirte sein und sorgen für sie, wie es recht ist. (aus Ezechiel 34, 26; 4, 11–16)

○ Gebet

Großer und allmächtiger Gott!
Du liebst uns wie ein Hirte seine Schafe liebt. Du kommst zu uns im Kind von Bethlehem, in Jesus. Er ist der gute Hirte, der uns aus der Dunkelheit ins Licht führt, aus der Enge ins Weite, aus dem Tod ins Leben. Wir freuen uns auf Jesus, sein Kommen. Mach unser Herz für ihn bereit. Amen.

Mahlfeier

Gabenbereitung

Während der Priester die Gaben bereitet, singt die Gemeinde:

Text und Melodie: F. Kett

2. Das Kind im Stall geboren, auf Heu und auch auf Stroh,
bringt Licht in unser Dunkel, macht unsre Herzen froh.

3. Ja, wenn das Kind gekommen, wird uns're Erde grün:
die Blumen, Sträucher, Bäume, die ganze Welt wird blühn.

4. Die Tauben werden hören, die Blinden werden seh'n,
die Stummen werden reden, die Lahmen wieder geh'n.

5. Wer trauert, der wird lachen, wer weint, wird fröhlich sein,
wer mutlos ist, wird hoffen. Kein Mensch ist mehr allein.

Danksagung

Ja, groß bist du Gott, heilig und gut. In Jesus sendest du uns den guten Hirten. Jesus findet, was verlorengegangen ist. Jesus sammelt, was sich zerstreut hat. Jesus heilt, was verwundet ist. Jesus nährt, was nach Leben hungert und dürstet. Jesus wird für uns zum Brot des Lebens, zum Wein der Freude. In seinem Tod am Kreuz überwindet er alle Bosheit und Sünde und er öffnet uns die Tür für ein Leben in Fülle.
Für diesen Jesus danken wir dir und singen mit allen Engeln und Heiligen ein Loblied:

Überliefert

Wandlung

Ruf:
Ich denke an dich.
Ich rede von dir.
Ich liebe dich Herr, du bist bei mir. (Siehe Heft S. 30)

Vor der Kommunion

Lied:

Überliefert

Während der Kommunion

Stille, verhaltene Musik der Musikgruppe.

Beschluß

Betrachtung des vierten Adventtores

- Das vierte Tor wird geöffnet, die Gemeinde angeleitet, sein Bild in Stille zu betrachten, evtl. musikalische Untermalung.

- Kommentar:

  Ein alter und ein junger Hirte sind im Bild, Jakob und Tobias. Sie schauen auf zum hellen Stern. Sie spüren, es liegt etwas in der Luft. Ist die Zeit gekommen, wo der Himmel auf die Erde kommt, der große Friedenskönig geboren wird, der Hirte aller Menschen und Völker?

„Wo wird er denn geboren", fragt Tobias den alten Jakob. Und Jakob antwortet: „Es steht geschrieben: Du Bethlehem bist keine der geringsten unter den Fürstenstädten Judas. Aus dir wird ein großer König hervorgehen." „Meinst du wirklich bei uns hier in Bethlehem", fragt Jakob. „Wo denn sonst", antwortet Jakob. „Vielleicht in unserem Stall?" „Warum nicht!" „Das wäre schön!" „Ja, da müssen wir nachdenken, welche Geschenke wir ihm mitbringen und welche Lieder wir ihm singen." „Ich weiß eines," sagt Tobias und fängt zu singen an.

Lied:

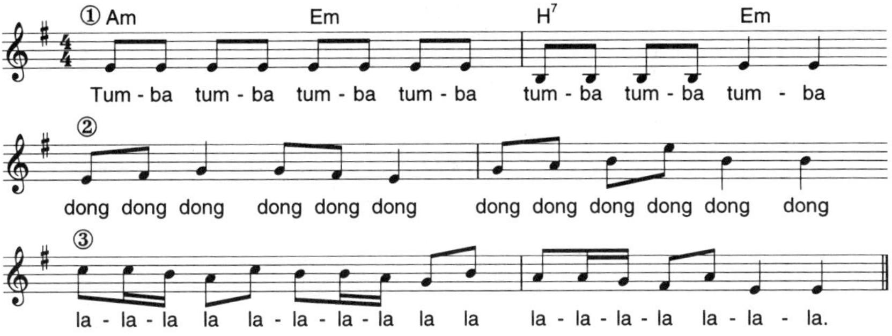

Gebet

Gott, unser Vater!
In großer Freude waren wir beisammen.
In großer Freude haben wir gesungen.
In großer Freude warten wir auf die Geburt
deines lieben Sohnes.
Wo so viel Freude ist, kommt er schon an,
er der Grund aller Freude,
Jesus, dein Sohn, der mit dir lebt und herrscht…

Segen – Schlußlied

Nach dem Segen kann das Tumbalied nochmals gesungen werden, eventuell mit Gebärden und als Kanon:

tumba – tumba – tumba	→	schnalzen
dong – dong	→	stampfen
la – la – la	→	mit den Händen auf die Knie schlagen und dann klatschen.

EIN KIND IST UNS GEBOREN

GOTTESDIENST

Einführung in die Thematik

Das Kind, so lang und heiß ersehnt, erblickt das Licht der Welt. Die Stadt mit ihren gleißenden Lichtern und glänzenden Fassaden hat es nicht aufgenommen. Es wird in der Dunkelheit und Armut eines Stalles geboren, gewärmt durch den Atem von Tieren, durch ihre Nähe, empfangen, gehalten und getragen von der Liebe der Menschen, die ihm Vater und Mutter sein wollen.

Im Schoß oder aus dem Schoß der Mutter Erde, in einer Höhle kommt es zur Welt. So finden wir es auf den Krippendarstellungen der Ostkirche. Es will wohl heißen, das Kind ist die Frucht der Liebe zwischen Himmel und Erde, zwischen dem Schöpfer und seiner Schöpfung.
Und Himmel und Erde frohlocken. Der Himmel erstrahlt in Tausenden von Sternen. Die Erde schlägt aus in Knospen und Blüten. Die Tiere verlassen ihre Höhlen und Nester. Das Volk der Hirten eilt auf die Botschaft des Engels hin zum Stall, um das göttliche Kind anzubeten.
Reihen wir uns in die Schar der Hirten ein! Kommen und wiegen wir das Kind! Bringen wir ihm unsere Geschenke! Denken wir daran, das Kind, das wir beschenken, steht für vieles. Es ist der Jesus, der in uns wachsen und leben will. Es meint all die Kinder, die uns anvertraut sind, die eigenen und die fremden. Es steht für alles Leben, das der Fürsorge bedarf, weil es bedroht ist, kleingehalten wird, sich nicht entfalten kann. Lassen wir uns anrühren von dem Kind, anrühren durch Erzählen, Gestalten, Mitvollziehen. Bedenken wir, Gott wird Mensch, kommt zu uns auf die Erden, daß wir Menschen sind und menschlich werden.

Material

Zur Gestaltung der Krippenlandschaft:
Braune und graue Decken, graue, braune, grüne und rote Rhythmiktücher, Zapfen, große Steine, Rindenstücke, Moos; ein größerer Weidenkorb als Stall und Stroh als Einlage; großer Stern zum Tragen; Teelichter, eventuell auf sternförmigen Unterlagen befestigt; Schafe; Maria und Josef, ein Jesuskind, Hirten als Stabpuppen; Holztiere wie Reh, Hirsch, Hase, Eichhörnchen, Vögel usw.; Teerosen, grüne Zweige; Jesuskerze; Fingercymbeln.

Die Landschaft ist bereits vor dem Gottesdienst ausgelegt.

WORTGOTTESDIENST – Gestaltung

Einzug und Eröffnung

○ Spiel der Musikgruppe

○ Eröffnungslied:

GL 107

○ Der Priester begrüßt die Gemeinde

– mit seinen Worten,
– mit dem Gottesdienstgruß: Im Namen des Vaters…
– in Hinführung zum Thema, z. B., wenn der Gottesdienst Abschluß der im Heft vorgegebenen Reihe ist:

Vier Türen unserer adventlichen Stadt leuchten. Sie erinnern uns an die zurückliegenden Wochen des Advents, an unsere vier Familiengottesdienste.

Heute werden wir die fünfte Tür öffnen. Mehr aber noch geht es darum, daß wir unser Herz, uns selbst öffnen für das Kind, dessen Geburt wir heute feiern.

Besinnung

① Gott, unser Vater!

Öffne unsere Herzen, die manchmal so verschlossen sind in Bitterkeit, Enttäuschung, Angst und Mutlosigkeit:

Überliefert

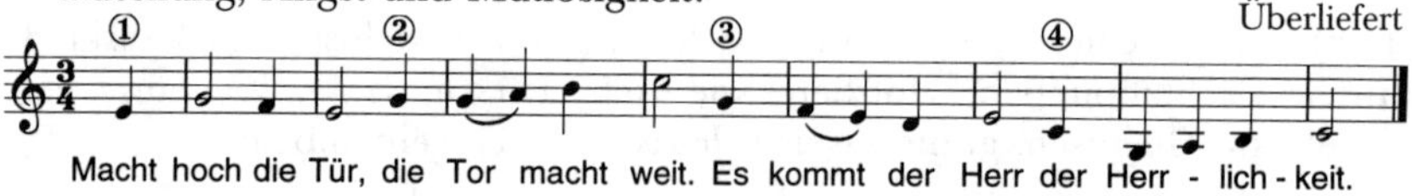

② Gott, unser Vater!

Bewege unsere Herzen, die manchmal so erstarrt sind in Vorurteilen, in Habsucht, Selbstsucht:

③ Gott, unser Vater!
Erwärme unsere Herzen, die manchmal so kalt sind in Lieblosigkeit, Erbarmungslosigkeit, Haß und Neid:

Abschließendes Gebet

Ja, öffne, bewege, erwärme unsere Herzen.
Gott, komme zu uns mit deiner Liebe, mit deinem Leben, mit deinem Frieden. Komm zu uns auf die Erde, damit wir Menschen menschlich sind, damit wir Menschen werden. Komm und mach die Erde neu. Amen

Katechese

I. Es waren Hirten auf dem Felde

○ Erzähler:
Unsere Geschichte führt uns auf Wiesen und Weiden, Felder und Fluren. Schafe weiden dort.

– Kinder treten vor mit Schafen, stellen sie in die Landschaft. (Flötenmusik)

Hirten wachen dort.

– Kinder tragen die Hirtenfiguren in den Altarraum. Sie werden einzeln in einem Liedruf vorgestellt und dann in die Landschaft gegeben.

JAKOB
Er sorgt dafür, daß die Schafe satt werden.

Text und Melodie: F. Kett

DAVID
Er weiß mit dem Wolf zu kämpfen.

Ich bin der Hirte David. Ich habe viele Schafe. Ich schütze meine Schafe vor dem bösen Wolf.

DANIEL
Er hat den Schafen den Stall gebaut, dort warmes Stroh aufgeschüttet.

Ich bin der Hirte David. Ich habe viele Schafe. Ich baue meinen Schafen einen warmen Stall.

TOBIAS
Er ist der Hirtenjunge. Er sorgt für das Hirtenfeuer.

– Die Hirten werden zum Feuerplatz getragen, dort abgestellt.

> Ich bin der Hirte Tobias. Ich habe noch keine Schafe.
> Ich zünde an das Feuer in der dunklen Nacht.

○ Die Kinder werden angeleitet, mit den Händen Feuer zu spielen, wie es züngelt, lodert, brennt; wie die Funken zum Himmel stieben, wie man sich am Feuer die Hände wärmt.

○ Erzähler:
Wenn die Hirten am Feuer stehen, machen sie Musik (kurzes Flötenspiel). Sie schauen und hören in die Nacht. Sie lauschen dem Gesang des Windes, des Feuers, des Wassers, der Erde. Was hören sie da? Welche Botschaft vernehmen sie?

Text und Melodie: Kett

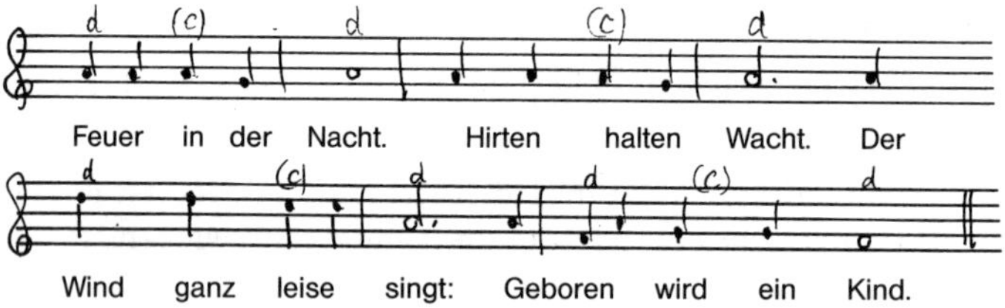

2. Feuer in der Nacht. Hirten halten Wacht,
   die Quelle leise singt: Geboren wird ein Kind.
3. Feuer in der Nacht. Hirten halten Wacht,
   die ganze Erde singt: Geboren wird ein Kind.
4. Feuer in der Nacht. Hirten halten Wacht,
   der weite Himmel singt: Geboren wird ein Kind.

II. Still leuchtet der Sterne Pracht

○ Erzähler:
Über den Feldern und Wiesen von Bethlehem breitet sich der Himmel aus.

– Kinder zeigen mit den Händen auf das Himmelszelt.

Ein großer Stern leuchtet da auf einmal auf, am Himmelszelt.

– Ein Kind umrundet mit einem großen Stern den Altar, die Krippenlandschaft.

Dazu Musik und Liedruf: Text u. Melodie: F. Kett

Der Himmel ist übersät mit Tausenden von Sternen.

- Einzelne Kinder spielen auf Cymbeln das Glitzern und Funkeln der Sterne.
- Alle zeigen mit hochgehobenen Händen das Sterneleuchten an.

○ Kinder im Altarraum erhalten Lichter. Sie ziehen unter Führung des großen Sternes im Altar-Kirchenraum umher.

Dazu Lied im Wechsel von Vorsänger und allen:

Text und Melodie: F. Kett

2. Wir sind die Sternenkinder.
Wir leuchten wunderschön.
Am großen weiten Himmel
kannst du uns leuchten sehn.

3. Wir sind die Sternenkinder.
Wir leuchten in der Nacht.
Am großen weiten Himmel,
da strahlen wir in Pracht.

4. Wir sind die Sternenkinder
am Himmel – Himmelszelt.
Wir leuchten und wir funkeln
hinein in diese Welt.

○ Die Lichter werden auf dem Altar, bzw. in der Krippenlandschaft abgestellt, ebenso der große Stern.

III. In jenen Tagen erging ein Befehl des Kaisers Augustus

○ Erzähler:
Boten reiten durch die Städte und Dörfer. Boten des Kaisers Augustus. Auf den Plätzen der Dörfer schlagen sie die Trommel.

– Trommelschläge.
Was verkünden sie?

○ Sprechspiel mit den Kindern:

V: Ein Befehl des Kaisers!
V: Was will er denn? – A: Was will er denn?
V: Ihr sollt euch aufschreiben lassen.
V: Warum denn? – A: Warum denn?
V: Der Kaiser will wissen, wieviel Menschen wohnen in seinem Reich.
V: Wieso denn? – A: Wieso denn?
V: Dann weiß der Kaiser, wieviel Steuern er bekommt.
V: Ach so! – A: Ach so!
V: Wo müssen wir uns aufschreiben lassen?
A: Wo müssen wir uns aufschreiben lassen?
V: Ein jeder, wo er geboren ist, in seiner Heimatstadt.

○ Erzähler:
Maria und Josef aber mußten von Nazareth nach Bethlehem ziehen, denn Josef stammte aus dem Hause, der Familie, dem Geschlechte des Königs David.
So erzählt die Heilige Schrift.

IV. Herbergssuche

○ Erzähler:
So machen sich Maria und Josef auf den Weg nach Bethlehem.

○ Zwei Kinder ziehen mit den Figuren von Maria und Josef aus dem Kirchenschiff in den Altarraum. Dazu singt die Gemeinde das Lied:

Text und Melodie: F. Kett

○ Erzähler:
In Bethlehem angekommen suchen Maria und Josef für sich und ihr Kind, das bald geboren werden sollte, Quartier.

○ Lied der Herbergssuche. Alle wiederholen den Ruf des Vorsängers. Das Klopfen an die Tür, das Zuschlagen der Tür kann auf einer Trommel dargestellt werden:

Text und Melodie: F. Kett

Das Lied wird dreimal gesungen.
Die Antwort lautet:
– Wir haben keinen Platz für Fremde.
– Wir haben keinen Platz für ein Kind.
– Wir haben keinen Platz für Arme.

○ Erzähler:
Es bleiben verschlossen die Türen und die Herzen all. Maria und Josef ziehen vor die Stadt hinaus in einen Stall.

- Kinder stellen die Figuren von Maria und Josef beim Stall nieder.

V. Geburt – Krippenlegung

○ Erzähler:
Draußen aber, vor der Stadt, in einem Stall kommt Marias Stunde. Sie gebiert ihren erstgeborenen Sohn, wickelt ihn in Windeln und legt ihn in eine Krippe auf Heu und Stroh.
– Ein Kind trägt das Jesuskind in die Krippe.
Maria darf nun schauen, was in ihr gewachsen ist, die Frucht ihres Leibes. Voll Freude singt sie:

Text und Melodie: R. Krenzer

Und Josef nimmt das Kind in seine Arme. Er freut sich, was Maria ihm geboren hat. Zum ersten Mal darf er das Kind beim Namen nennen, dem er Vater sein soll. Jesus! Welch ein wunderbarer Name!

Und beide, Maria und Josef sagen: Kind, du bist uns Licht und Freude. Du machst unser Leben hell.

– Ein Kind bringt die Jesuskerze zur Krippe.

Voll Freude singen sie:

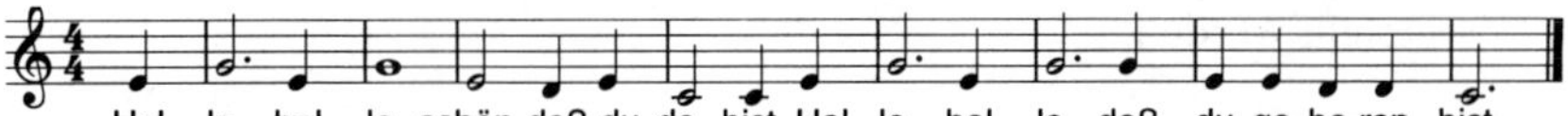

Maria und Josef sagen: Kind, du bist unser Augenstern, du bist der Morgenstern der finstern Nacht, der die Welt voll Freude macht.

– Ein Kind trägt einen Stern zur Krippe.

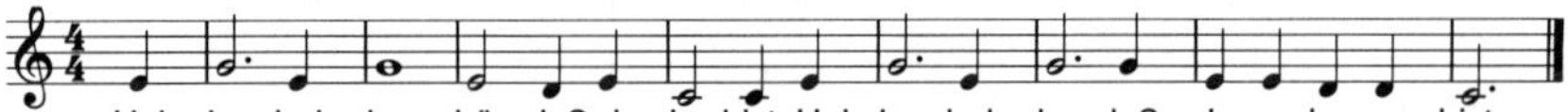

Kind, du bist einer Blume gleich aufgeblüht, die schönste Blüte am Baum des Lebens, das Reis am alten Wurzelstock Jesses.

– Ein Kind stellt eine Blume (Rose) zur Krippe.

○ Das fünfte Tor wird geöffnet, die Gemeinde singt:

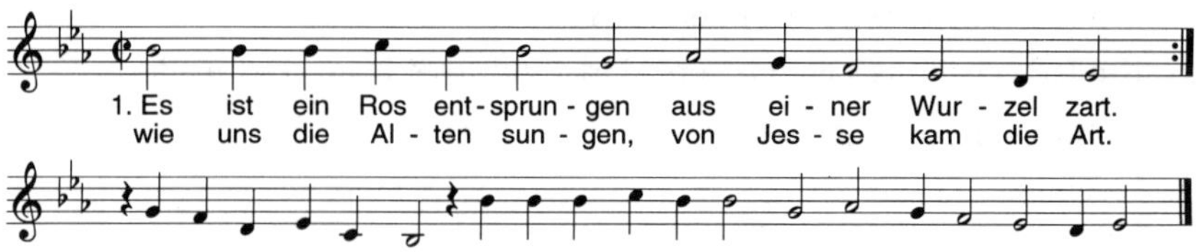

2. Das Röslein, das ich meine, davon Jesaja sagt,
ist Maria, die Reine, die uns das Blümlein bracht.
Aus Gottes ewgem Rat hat sie ein Kind geboren
und blieb doch reine Magd.

3. Das Blümelein so kleine, das duftet uns so süß,
mit seinem hellen Scheine vertreibt's die Finsternis,
wahr Mensch und wahrer Gott, hilft uns aus allem Leide,
rettet von Sünd und Tod.

Mahlfeier

Gabenbereitung

Während die Gemeinde das Lied singt „Es ist ein Ros' entsprungen“, bereitet der Priester die Gaben von Brot und Wein.

Danksagung

Es ist würdig und recht, dich zu loben, großer Gott!
Du bist herabgestiegen vom Himmel, um uns zu bringen, was himmlisch ist, die Liebe, die Freude, das Leben.
In einem kleinen, schwachen Kind hast du dich in unsere Hände gegeben, damit wir dich und in dir alles Leben tragen und hüten;
damit wir dich als unseren Bruder schauen und lieben;
damit wir dir ähnlich werden in deiner Menschenfreundlichkeit, Güte, in deiner Weite, Barmherzigkeit.
Ja, Gott, du bist in Jesus zu uns gekommen, auf unsere Erden, damit wir Menschen menschlich sind und ganze Menschen werden, damit alles gut wird, heil und heilig.
Für Jesus danken wir dir und singen dir das Loblied.

Lied:

Text und Melodie: überliefert

Zum Friedensgruß

○ Erzähler:
Es waren Hirten auf dem Felde. Sie hüteten des Nachts ihre Herden. Plötzlich umstrahlte sie der Glanz des Himmels.

– Wir zeigen mit den Händen, wie es hell wird.

Ein Engel Gottes stand vor ihnen und sprach:
Ich verkünde euch eine frohe Botschaft. Heute Nacht ist euch der Heiland geboren, Christus, der Herr.
Ihr findet das Kind in Windeln gewickelt auf Heu und Stroh.

Der Himmel aber war erfüllt von himmlischen Heerscharen, die Gott lobten und sangen:

○ Liedruf im Wechsel zwischen Vorsänger und allen, auch als zweistimmiger Kanon singbar:

○ Erzähler:
Die Hirten aber sprachen:
Wir wollen gehen, das Kind suchen und anbeten.

– Während Kinder Schafe und Hirten zum Stall tragen, singt die Gemeinde:

Text und Musik aus Böhmen

2. Lasset uns sehen in Bethlehems Stall,
was uns verheißen der himmlische Schall!
Was wir dort finden, lasset uns künden,
lasset uns preisen in frommen Weisen! Alleluja!

3. Wahrlich, die Engel verkündigen heut
Bethlehems Hirtenvolk gar große Freud.
Nun soll es werden Frieden auf Erden,
den Menschen allen ein Wohlgefallen. Ehre sei Gott!

○ Der Priester lädt die Gemeinde ein, als Hirten zu kommen und das göttliche Kind in der Gestalt des Brotes zu empfangen und anzubeten.

Während der Kommunion

Musikgruppe spielt weihnachtliche Weisen.

Beschluß

○ Der Gottesdienstleiter lädt die Kinder – Gemeinde ein, nochmals ganz still zu werden, die Hände zu einer Schale – Krippe zu öffnen für das göttliche Kind, es in der Vorstellung zu tragen und zu wiegen.

Text: F. Kett, Melodie nach „Danke für diesen guten Morgen

○ Die Kinder – Gemeinde werden angehalten, das Kind in der Vorstellung wieder in die Krippe zurückzulegen – Geste der Rückgabe – und erneut die Hände zur Schale zu formen.

Was bringen wir dem Kind als Geschenk, dem göttlichen Kind?
Jesus, der in uns geboren sein, wachsen, leben möchte?
Den Kindern, die uns als Eltern, Erzieher, Lehrer anvertraut sind?

– STILLE –

Was wir in Gedanken in unsere Hände gelegt haben, wollen wir vor die Krippe hinlegen – Geste der Hingabe.

○ Erzähler:
Die Hirten aber müssen wieder heim zu ihren Herden. Sie verneigen sich vor dem Kind – Geste der Verneigung. Sie gehen voll Freude zurück zu den Schafen. Sie singen und tanzen dabei.

Tumba, tumba, tumba,… (Siehe Heft S. 51)

Gebet

Gott, unser Vater!
Wir danken dir für Jesus. Wir wollen Jesus im Herzen tragen, seine Liebe, seine Freude, seinen Frieden. Wir wollen das Leben, das Jesus schenkt, hüten als gute Hirten.
Wir wollen es hineintragen in unsere Häuser, in unsere Familien, in die weite Welt.

Nach dem Segen – zum Auszug

① O du fröhliche, o du selige, gnadenbringende Weihnachtszeit.
Welt ging verloren, Christ ward geboren. Freue dich, freue dich o Christenheit.

② O du fröhliche, o du selige, gnadenbringende Weihnachtszeit.
Christ ist erschienen, uns zu versöhnen. Freude dich, freue dich o Christenheit.

③ O du fröhliche, o du selige, gnadenbringende Weihnachtszeit.
Himmlische Heere jauchzen dir Ehre. Freue dich, freue dich o Christenheit.

Anleitung für die Adventlaterne:

Die Vorlage ist zweimal zu verdoppeln, dann hat sie die Größe, daß die Torbilder der einzelnen Adventgottesdienste passen.

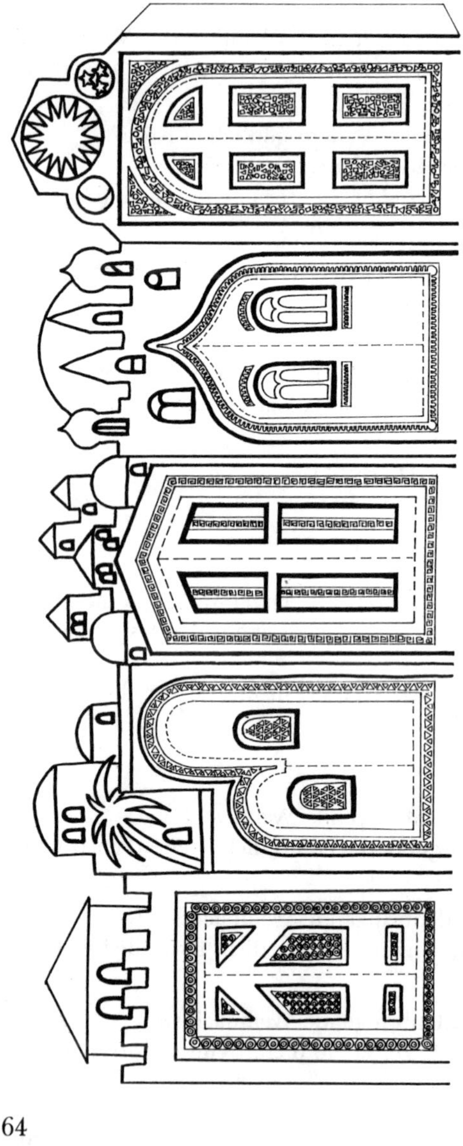

Anleitung für ein Strickpüppchen (Jesuskind)

Anleitung für die Erstellung von Stabpuppen siehe RPP 1988-3-64.

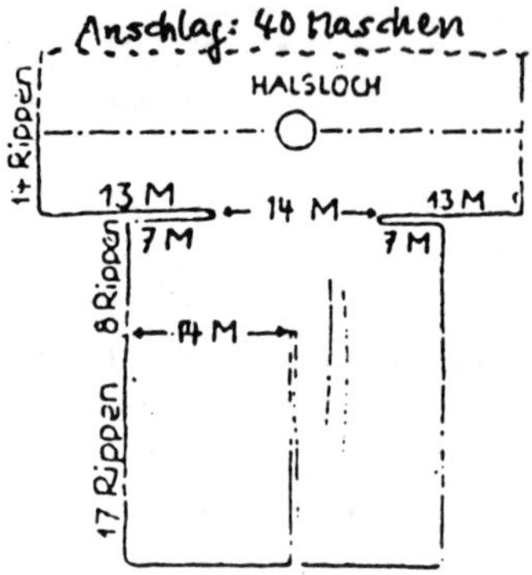

Material: 2 Stricknadeln,
25 g farbige Wolle,
Trikot für den Kopf,
Wolle für Haare,
Schafswolle zum Stopfen.

Strickart: Hin und zurück rechts = Rippen

Anschlag: 40 M, 7 Rippen stricken, dann in der Mitte der Nadel 2 M zusammenstricken, 1 Umschlag, so daß ein kleines Loch für den Hals entsteht. Weitere 7 Rippen stricken. 13 M abketten (von beiden Seiten) und dafür 7 M wieder Aufnehmen. 8 Rippen stricken, dann die Maschen teilen und mit jeweils 14 M 17 Rippen stricken, dann abketten.

Zusammennähen: Siehe Skizze. Mit Schafswolle stopfen. Kopf und Hände in entsprechender Größe wie bei der Gliederpuppe anfertigen und annähen.

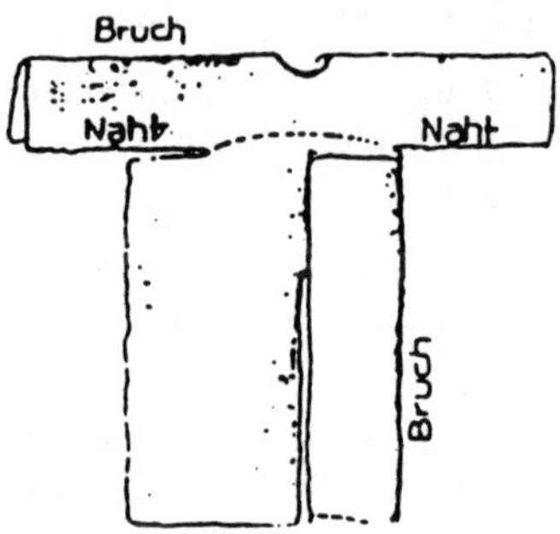